De la grotte à l'Évangile

De la grotte
à l'Évangile

Traduit du livre en anglais *The Richest Caveman.*
(édition originale : ISBN 0-8163-0876-4
Mountain Ministry Publication, Sacramento)

Traduction de Sandra Messiez.

Première édition : février 1998 (3 000 exemplaires)
Deuxième tirage : juin 2003 (500 exemplaires)
Troisième tirage : mars 2008 (700 exemplaires)

BP 59, 77192 Dammarie-les-Lys Cedex, France.
ISBN 978-2-85743-222-7

Chapitre 1

Se suicider ou s'éclater?

Je m'assis au bord de mon lit dans l'appartement new-yorkais de ma mère et j'enfouis la tête dans les mains. Des larmes coulaient sur mes joues et le long de mes doigts. Je pleurais rarement, mais cette fois, quelque chose lâchait prise au fond de moi. Je n'avais pas cessé de me bagarrer dès le premier jour d'école et je venais de nouveau de m'attirer des ennuis! Je me demandais si je réussirais un jour quelque chose. Je ne parvenais pas à me contrôler. Si ma mère avait été là, nous aurions peut-être pu en parler, mais elle était absente. Depuis son divorce, elle travaillait à plein temps et passait moins de temps qu'elle ne le désirait avec mon frère et moi. Le soir, soit elle sortait avec des amis, soit elle les invitait à l'appartement. Nous passions rarement une soirée ensemble à la maison.

En outre Falcon, mon frère, mon meilleur ami et mon pire ennemi, était parti vivre en Floride avec mon père. Atteint de mucoviscidose, il avait besoin d'un climat plus doux et je me trouvais seul dans l'appartement, avec le besoin désespéré d'avoir auprès de moi quelqu'un qui m'aime et se soucie de ce qui m'arrivait.

Je songeai à ma jolie maman. Elle avait beaucoup d'amis, pour la plupart acteurs, écrivains et chanteurs. Son talent et sa beauté faisaient d'elle la reine des soirées. Le monde du spectacle la fascinait comme la flamme attire les papillons de nuit. Sa carrière avait vraiment démarré quand elle avait commencé à écrire des chansons pour Elvis Presley mais, aussi loin que je me souvienne, elle avait toujours travaillé pour l'industrie du spectacle. Elle écrivait des comédies musicales pour la télévision et le théâtre, des bouts de scénarios de films et travaillait comme critique de cinéma.

Pendant les congés scolaires, elle avait l'habitude de nous emmener, Falcon et moi, à son travail, et nous appréciions l'attention dont nous étions l'objet de la part des stars. Celles-ci venaient nous parler et nous racontaient des blagues entre les enregistrements. Je me souviens de personnalités célèbres telles que Red Buttons, Frankie Avalon, Nancy Sinatra, Rowan et Martin, Maureen O'Hara et Lloyd Bridges, mais nos favoris étaient les Three Stooges. Comme ils nous faisaient rire !

Cependant, quelque chose me troublait chez ces fascinants gens du spectacle. Quand je fus assez grand pour comprendre, je remarquai parmi eux un nombre impressionnant d'homosexuels. Beaucoup d'entre eux s'adonnaient à la drogue, à l'alcool ou aux deux à la fois, mais ils n'étaient pas heureux pour autant. « Pourquoi travaillent-ils autant pour devenir célèbres si cela les rend malheureux ? » me demandais-je. Si ma mère avait remarqué cette contradiction, elle n'en fit jamais mention. Pour elle, la vie n'était jamais trop excitante. Elle organisait des soirées dans notre appartement, mais ses invités ne pensaient qu'à s'asseoir, bavarder et fumer de la marijuana.

Ils faisaient des choses stupides, comme de se remettre les vertèbres dans le dos ou rire de leurs propres idioties. Certains d'entre eux étaient tellement coupés de la réalité ! Ils ressemblaient à des fantômes qui entrent et sortent de leur propre monde. Ils me paraissaient étranges et solitaires.

Solitaire. Comme je haïssais ce mot ! Assis tout seul au bord du lit, les événements de la journée me revenaient en foule à l'esprit, et, tandis que je revivais la bagarre, la brûlante réprimande du principal et l'air réprobateur de mon professeur, j'eus envie de rentrer sous terre. Qui étais-je ? D'où est-ce que je venais ? Pourquoi est-ce que je me trouvais ici ? Ces questions n'étaient pas nouvelles. Je fixais souvent le miroir en me les posant.

On m'avait dit que j'étais seulement l'un des maillons de l'évolution, un singe plus développé que les autres. Si la vie n'était rien d'autre que cela, pourquoi m'en encombrer ? Je n'avais pas peur de mourir. Nos professeurs nous enseignaient qu'à la mort on ne fait rien d'autre que pourrir et se transformer en fertilisant. Je décidai d'avaler une boîte complète de somnifères, de m'allonger sur mon lit et de ne plus jamais me réveiller. Simple comme bonjour. Résolu, je me levai, essuyai mes mains mouillées de larmes sur mon pantalon et me rendis à grands pas dans la salle de bain. J'ouvris la porte de l'armoire à pharmacie et examinai les flacons soigneusement alignés sur les étagères. Où se trouvaient les somnifères ? Je savais que ma mère en prenait un ou deux pour s'endormir, mais je n'avais pas fait attention au flacon qu'elle utilisait. J'entrepris de les examiner un à un et d'en lire les étiquettes, mais je ne trouvai nulle part la mention : « somnifère ».

Finalement, je découvris une boîte où il était écrit : « Un comprimé avant de dormir. Valium. » J'avais treize ans, et je n'avais jamais entendu ce mot. Je remis le flacon à sa place et poursuivis mes recherches. Mais rien ne semblait correspondre à ce que je cherchais et je retournai au Valium. Je dévissai le bouchon, versai le flacon entier dans ma main et m'apprêtai à remplir un verre d'eau, quand ma main resta en l'air. Et si ce n'étaient pas des somnifères ? Si c'était un médicament pour les femmes ? Peut-être serais-je seulement malade. Je n'avais pas envie d'être malade. J'étais assez malheureux comme ça. Je voulais mourir ! Je me penchai pour relire l'étiquette du flacon, sans découvrir d'indications complémentaires. Je restai planté là un long moment, me demandant ce que je devais faire. Lentement, je repris la bouteille et y remis les comprimés. Je trouverais un meilleur moyen de me tuer un autre jour.

En y réfléchissant aujourd'hui, je me demande comment j'ai pu être aveugle au point de ne pas voir combien ma mère m'aimait. Elle cherchait à exprimer son amour à sa façon. Elle avait écrit une comédie musicale pour ma classe en me donnant un rôle prestigieux. Elle y avait travaillé dur : distribution des rôles, costumes... Elle avait même dirigé les répétitions. Cette activité l'avait éloignée de son travail, ce qui signifiait un salaire moindre. Avant le départ de Falcon, nous connaissions une certaine intimité. Nous nous asseyions parfois tous les trois au salon pour regarder la télévision. Ma mère et moi fumions de la marijuana, mais Falcon ne pouvait pas se joindre à nous à cause de sa mucoviscidose. Aussi lui cuisinait-elle des gâteaux, en versant dedans une mesure généreuse de marijuana ou de hachisch. Ce dernier était plus dur à trouver parce qu'il venait de Turquie et elle n'en avait que lorsque des amis lui en ramenaient de leurs voyages, mais elle en mettait toujours dans les gâteaux de Falcon. Je me disais : « On voit qu'elle nous aime. »

Le nom de jeune fille de ma mère, Tarshis, trahissait ses origines juives. Mes grands-parents avaient coutume de dire que nous descendions de Saul de Tarse, mais je crois qu'ils plaisantaient. Quand nous déménageâmes à New York, ma mère s'aperçut que la moitié des gens du spectacle étaient Juifs. Elle était fière de son ascendance juive, mais elle ne s'intéressait pas à la religion.

Lorsque mon bulletin de notes me parvint quelques semaines après la bagarre, je l'ouvris en tremblant. Mes yeux parcoururent la feuille. Bien sûr, mes notes étaient désastreuses. Je refermai rapidement le bulletin et l'enfouis dans ma poche. Comment pourrais-je le montrer à ma mère ? À la maison, ce soir-là, j'avais le cœur rempli d'angoisse. Je savais qu'elle allait crier et être bouleversée. Sans doute finirait-elle par pleurer.

Je retournai à l'idée du suicide. Pourquoi ne pas sauter du toit de notre immeuble ? Je me demandai si la porte menant à celui-ci était fermée à clef. Je pris l'ascenseur jusqu'au dernier étage et marchai jusqu'à l'escalier qui conduisait au toit. Je tournai facilement la poignée. J'ouvris la porte, montai l'escalier et me retrouvai sur le toit.

Je grimpai sur la balustrade qui courait le long de l'immeuble et regardai, seize étages plus bas. Les bruits de la rue flottaient jusqu'à mes oreilles : klaxons de voitures, bruits de moteur et hurlement de sirènes au loin. Les gens, vus d'en haut, semblaient si petits qu'ils ressemblaient à des fourmis pressées. « Pourquoi courent-ils tous ainsi ? me demandai-je. Où vont-ils comme cela ? » Je savais qu'un grand nombre d'entre eux se hâtaient dans le but de gagner de l'argent.

Je songeai à mon père. C'était un homme riche, un multimillionnaire. Pourtant il n'était pas né avec une cuillère en argent dans la bouche. Son père était mort quand il n'avait que sept ans. L'aîné de quatre fils, il aidait sa famille comme il pouvait. Il vendait des journaux au coin des rues et acceptait tous les petits boulots qu'on lui proposait pour remplir les estomacs qui criaient famine à la maison.

Quand ses frères grandirent et commencèrent eux-mêmes à travailler et à contribuer au revenu familial, mon père les quitta, à l'âge de seize ans, avec seulement quelques francs en poche. La Seconde Guerre mondiale le trouva dans l'armée de l'air, désireux de voler et d'en apprendre le plus possible sur les avions.

Après la démobilisation, il tenta sa chance tout seul. Il possédait une intelligence brillante et un grand sens des affaires et, très vite, il travailla à la construction de son empire. Il finit par posséder deux lignes d'aviation et de nombreuses compagnies aériennes. Il aimait tellement l'aéronautique qu'à la naissance de mon frère, il l'appela Falcon, comme le célèbre turboréacteur. Puis vint mon tour et il m'appela Douglas. C'est moi qui ai battu les records!

Conduire des voitures de course et piloter son avion personnel devinrent les activités favorites de mon père quand il parvenait à se libérer, ce qui n'arrivait pas très souvent. Quand il déménagea en Floride après s'être séparé de ma mère, il vécut sur une île où il protégeait tellement sa vie privée qu'il fallait des permis spéciaux pour y pénétrer. Quand j'allais lui rendre visite, j'étais content qu'il eût une bonne et un maître d'hôtel. C'était souvent mes seuls compagnons. Mon père venait prendre le petit déjeuner avec moi tous les matins, mais il disparaissait généralement derrière son journal. Si je lui parlais, il le baissait parfois pour me répondre, sinon, il se contentait de grogner. J'étais trop jeune pour comprendre que son emploi du temps était surchargé et que les quelques minutes qu'il consacrait chaque matin à lire le journal constituaient ses seuls moments de détente. Certes, il possédait un avion à réaction, une Rolls-Royce, des gardes du corps et un yacht, mais il ne semblait pas heureux pour autant. C'était un battant, car il avait décidé que plus jamais il ne serait pauvre. Son rythme de vie était si intense qu'il travaillait souvent seize heures par jour, six jours par semaine.

Il avait été élevé dans la religion baptiste, mais celle-ci lui avait été imposée par une famille et des amis bien intentionnés et il ne voulait pas en entendre parler. Quand sa première femme et leur petit garçon furent tués lors d'un accident d'avion, il perdit, je crois, le peu de foi qui lui restait et se considéra athée.

Une rafale de vent me ramena au présent. Les doigts de pied pointant hors de la balustrade, je me penchai par-dessus bord, espérant que la prochaine rafale me pousserait en avant et que je n'aurais pas besoin de faire appel à mon courage pour sauter. Tandis que j'hésitais, je me souvins avoir lu quelques jours auparavant dans le journal l'histoire d'un homme qui était tombé de huit étages. Il perdit un bras et se brisa le dos, mais ne mourut pas. Et si moi aussi je ne mourais pas ? Et si j'en sortais handicapé et constamment souffrant ? J'en frissonnai !

Quelque chose d'autre me retint. J'étais atteint d'une curiosité insatiable. Si je mourais aujourd'hui, qu'est-ce que je manquerais demain ? Peut-être valait-il mieux que je vive. Le suicide a au moins un avantage : on peut toujours le remettre à plus tard. C'est ce que je fis remarquer à ma mère quelques années plus tard, lorsqu'elle m'appela et me dit qu'elle allait se suicider. Cela lui sauva la vie.

Je descendis de la balustrade et m'assis pour réfléchir. Les paroles publicitaires d'une marque de bière me vinrent à l'esprit : « Vous n'avez qu'une vie, pourquoi ne pas la savourer au maximum ? » Cette idée me plut. Je tirerai de la vie tout le plaisir que je pourrais trouver. Et quand j'en aurais assez, je ferais quelque chose de grand. Pourquoi passer mon temps à pleurnicher en cherchant des cachets pour dormir ou en essayant de sauter du haut d'un immeuble ? Pourquoi ne pas m'éclater ?

Chapitre 2

La discipline militaire

Chaque fois que je me mettais dans une situation difficile à l'école, ma mère essayait de racheter ma conduite en me trouvant un nouvel établissement scolaire. En neuf ans, j'ai fréquenté quatorze écoles. Si seulement mes parents avaient reconnu dans ma mauvaise conduite un appel à recevoir davantage d'amour et d'attention, comme la vie aurait été différente ! Mais chacun d'eux, emporté par les buts qu'il s'était fixés, n'avait pas le temps de s'occuper d'un enfant.

Je paraissais déterminé à collectionner les ennuis et je ne maîtrisais pas les événements. Plus je fréquentais d'écoles et moins j'apprenais. Je voyais bien que j'avais besoin d'une vie plus structurée et plus disciplinée.

Un jour, Millie, une amie de ma mère, nous rendit visite. « Je monte demain en ville voir mes fils à l'école militaire, nous dit-elle. Pourquoi ne viendrais-tu pas avec tes garçons ? J'ai besoin de compagnie et je pense que cela ferait plaisir à tes fils de voir l'école ; n'est-ce pas, les garçons ? termina-t-elle en s'adressant à Falcon et à moi.

— Bien sûr », répondîmes-nous à contrecœur.

Je n'avais pas oublié la Black Fox Military Academy en Californie. J'avais alors tout juste cinq ans et j'étais le plus jeune cadet de l'école. J'en avais gardé un souvenir agréable, alors pourquoi ne pas accepter ? « C'est la meilleure école militaire de la région, nous vantait Millie en conduisant. Des parents du monde entier y envoient leurs enfants. Elle porte le nom de New York Military Academy mais, en réalité, c'est l'école élémentaire de West Point. »

Même dans mes rêves les plus fous, je n'avais jamais imaginé une telle école. De vastes pelouses vertes s'allongeaient vers des parterres de fleurs brillamment colorées le long de bâtiments recouverts de lierre. À l'une des extrémités du jardin s'étendait un terrain de foot complet, estrade comprise, et l'école possédait la plus grande piscine que j'avais jamais vue. Mais ce fut la vaste salle de gymnastique qui m'intrigua le plus. Dans un coin, des garçons luttaient sur des tapis, tandis qu'ailleurs deux équipes de basket s'affrontaient avec animation. En jetant des coups d'œil furtifs par les portes qui s'ouvraient sur la salle principale, j'aperçus des garçons qui soulevaient des poids, frappaient des punching-balls, jouaient au ping-pong et participaient à toutes sortes de sports merveilleux dont j'avais seulement entendu parler.

Rien à voir avec mon école de Manhattan et ses bâtiments en brique ou en pierre brune derrière leurs portails chaînés ! Notre cour était en ciment ou en asphalte, sans le moindre brin d'herbe. Je fus impressionné par les cadets, serrés dans leurs uniformes élégants, qui paradaient en formation parfaite sur le terrain de manœuvre. Je ne parvenais pas à me maîtriser, mais je n'étais pas sot. Je savais que ce que je voyais était le résultat d'une vie structurée, faite d'obéissance et de discipline. Quelque chose en moi réclamait désespérément un univers aussi ordonné.

« Maman, il faut que j'aille à cette école ! » De retour à la maison, les mots se bousculaient dans ma bouche. « Je me retrouve toujours dans des situations impossibles et je n'apprends rien. C'est exactement ce dont j'ai besoin !

— Je ne sais pas, Doug, répondit-elle. Cette école est chère et je ne suis pas sûre que tu supporterais un programme aussi strict. On y reçoit des ordres toute la journée. C'est une école militaire, tu sais. » Je ne pouvais pas la blâmer pour son scepticisme. Après tout, je n'avais encore rien fait de bien. Pourquoi me comporterais-je différemment dans cette école ?

Tandis qu'assis autour de la télévision nous mangions des glaces et fumions de la marijuana, les scènes que j'avais vues à l'école militaire me revinrent à l'esprit et je remis la question sur le tapis. « S'il te plaît, maman, suppliai-je, demande à papa ce qu'il en pense. C'est peut-être la dernière chance que j'ai de réussir quelque chose.

— Demande-lui pour moi aussi, glissa Falcon pendant un spot publicitaire. Pourquoi ne pas y aller tous les deux ?» Soudain, le visage de ma mère s'éclaira. Je compris qu'elle avait une idée. «Je sais ! Consultons le oui-ja.»

Ma mère n'avait pas de croyance religieuse particulière, mais elle avait un penchant pour l'occultisme. Un grand nombre de ses amis du spectacle s'intéressaient à l'astrologie, à la lecture des paumes de la main et aux consultations médiumniques. Elle ouvrit l'armoire et en descendit la planchette de divination.

Nous la «mîmes en route» en lui posant des questions banales. Puis, nous posâmes tous trois le bout de nos doigts sur l'indicateur et ma mère demanda : «Doug doit-il aller à l'école militaire ?» Nous attendîmes en retenant notre souffle. Lentement, l'indicateur se déplaça et s'arrêta sur le mot «oui». Cela ne me parut pas vraiment surnaturel, parce que je lui avais donné un léger coup de coude.

«Falcon doit-il aller à l'école militaire ?» demanda-t-elle ensuite. L'indicateur tourna un moment en rond, puis glissa lentement jusqu'au «non». Alors quelque chose de surprenant se produisit. L'indicateur se dirigea vers l'alphabet, placé en haut de la planchette oui-ja, et épela le mot *«guns»* (fusils). Nous nous regardâmes. «Pas de fusils !» répétâmes-nous chacun à notre tour.

Je savais que personne n'avait aidé la planchette cette fois et je n'y comprenais rien. Mais ma mère ne parut nullement troublée. Le soir même, elle téléphona à mon père. Il finit par accepter de me donner ma chance et envoya l'argent nécessaire à cette nouvelle expérience.

J'emménageai dans l'un des dortoirs de l'école militaire juste après le Nouvel An. Je rangeai soigneusement mes affaires dans les tiroirs et suspendis mes chemises et mes manteaux dans l'armoire. «Ils seront impressionnés par mon soin», me dis-je. Je ne savais pas combien je me trompais. Il y avait une place pour chaque chose et chaque chose devait être à sa place. Il y avait un règlement concernant l'endroit où les vêtements devaient être suspendus et dans quel ordre, un règlement indiquant où les livres devaient être placés et même des indications très précises sur la façon dont notre linge de corps devait être plié et dans quel tiroir il devait être rangé !

Les nouveaux étaient constamment tournés en ridicule. Nous étions fréquemment arrêtés dans le hall par quiconque portait des galons. On nous demandait de nous tenir au garde à vous, de rentrer notre menton jusqu'à ce qu'il devienne double et de répéter cette phrase : « Tout nouvel élève, Sir, n'est que de l'excrément. » En intercalant le mot « Sir » entre chaque mot, cela donnait : « Tout, Sir, nouvel, Sir, élève, Sir, n'est, Sir, que, Sir, de, Sir, l'excrément, Sir. » Nous devions prononcer cela en restant impassible. Si ce n'était pas prononcé à la perfection, il fallait recommencer. Cet interrogatoire revenait souvent.

La journée commençait tôt. Les haut-parleurs nous réveillaient à six heures et nous n'avions pas le droit de lambiner. Nous devions nous présenter à l'appel sur le terrain de manœuvre à six heures trente, après la douche. En hiver, il arrivait que les cheveux gèlent sur la tête de celui qui n'avait pas pris la précaution de se sécher suffisamment avant de courir au terrain de manœuvre. Si vous aviez une seule seconde de retard, vous étiez considéré comme un retardataire et traité en conséquence.

Ensuite, nous nous dépêchions de ranger nos chambres. Parfois, quand, après l'inspection, la chambre d'un élève ne donnait pas satisfaction, les draps étaient arrachés du lit, la chambre mise sens dessus dessous et tout était à recommencer. Les draps devaient être tellement tendus qu'il était possible de faire rebondir dessus une pièce de monnaie. Et il n'était pas question d'être en retard pour autant. Nous marchions au pas pour aller manger et au pas, deux fois plus vite, en revenant.

L'école n'hésitait pas à utiliser des corrections corporelles, qui étaient administrées par le professeur, en général un officier dur à cuire. Je me souviens clairement de la fois où un enseignant m'ordonna de me pencher par-dessus le pupitre. Il souleva sa ceinture de combat, sertie de bagues de métal, et frappa mon postérieur de toutes ses forces. Je m'envolai avec mon pupitre pour percuter avec fracas deux autres tables. Je hurlai et la classe entière explosa de rire. Je n'avais pas plus de onze ans, mais le professeur répétait : « Tu es un homme, maintenant, tu es un homme. » J'eus tôt fait d'apprendre qu'on ne pleurait pas et qu'on n'appelait pas chez soi pour se plaindre, sinon les rires moqueurs vous poursuivaient jusqu'à la sortie de l'école.

On ne nous corrigeait pas toujours avec une ceinture; parfois, on nous secouait par les cheveux ou on nous frappait à la tête. Même si tous les garçons venaient de familles fortunées, les officiers ne dorlotaient personne. Mon ami, Rafael Trujillo, le fils du dictateur de la République Dominicaine, était traité comme les autres. Nous étions de bons copains et nous nous trouvions ensemble quand il apprit que son père avait été tué en Espagne dans un accident.

On me harcela au sujet de l'Église que je devais fréquenter le dimanche. «Il faut choisir une Église et y aller tous les dimanches», me dit-on. C'était, bien sûr, pour donner une bonne image de l'école. «Impossible, répétais-je. Si je vais au culte juif, mon père sera furieux, et si j'assiste au culte protestant, c'est ma mère qui le sera.» L'école n'appréciait pas, mais elle ne pouvait rien y faire. Je me rendis tantôt au culte juif, tantôt au culte protestant. Un dimanche, j'allai à l'Église catholique, mais le prêtre fuma des cigarettes pendant le service et cela me choqua. Je n'y retournai jamais.

L'idée que je me faisais de Dieu n'était guère positive. Pasteurs protestants et prêtres catholiques nous disaient, en gros, que si l'on était sage, on allait au ciel, mais que si on agissait mal, attention! Dieu avait une salle de torture appelée enfer où l'on serait retourné et rôti pour l'éternité dans du soufre en fusion. Il me semblait injuste que des êtres créés par Dieu devaient être punis éternellement pour des péchés commis pendant leur courte vie. Il me paraissait également absurde qu'on soit jeté en enfer avant le jour du jugement. Je trouvais Dieu cruel et je ne comprenais pas comment on pouvait l'aimer. J'ai été heureux de découvrir, plus tard, que l'enfer n'est pas biblique.

Cet été-là, Falcon et moi, nous partîmes camper sur une île des Caraïbes, où nous fîmes de la plongée sous-marine, du ski nautique et toutes les activités pratiquées par des jeunes lors d'un camp d'été. Je fus mordu par une araignée venimeuse et l'infection faillit me faire perdre la jambe. Puis, j'essayai de voler un voilier et de m'enfuir sur une île déserte. À part cela, ce fut un été normal. Même si j'appréciais la liberté dont je jouissais, je rongeais mon frein, impatient de débuter une nouvelle année à l'école militaire.

La seconde année, cependant, ne ressembla absolument pas à la première. Je me retrouvai rapidement secrétaire de ma compagnie et promu au rang de sergent. Chaque compagnie n'avait qu'un seul secrétaire et j'avais le cœur gonflé de fierté en voyant mes nouveaux galons sur mon uniforme. Maintenant, je donnais des ordres au lieu d'en recevoir — aux autres cadets bien sûr. Je tapais des rapports, distribuais des notices, allais chercher des médicaments et me chargeais de toutes sortes de courses.

Indépendant comme je l'étais, ce travail m'allait comme un gant. J'avais maintenant une excuse légitime pour être en retard et aller où je voulais, quand je voulais. Mieux, cette activité me rendait heureux et je m'en tirais bien.

Né de parents battants, j'aimais la compétition. Notre chambre remporta la palme de l'inspection plus d'une fois et je gagnai des médailles dans de nombreux sports, y compris en lutte, foot, natation et plongée. Mes notes firent une remontée spectaculaire et, pour la première fois de ma vie, je réussis bien en classe. Je ne fus pas peu fier quand on me demanda de montrer aux autres élèves comment donner de l'éclat aux chaussures et aux boucles de ceinture!

Cette année-là restera toujours dans mon souvenir comme l'une des plus heureuses et des plus gratifiantes de ma scolarité. Je suis sûr que je serais devenu un goujat complet sans l'éducation reçue dans cette école. Mais comme nous fréquentions une école de garçons, nous pensions beaucoup aux filles. Même les huit à neuf ans parlaient peu d'autre chose. Ils ne s'y intéressaient sans doute pas autant qu'ils le prétendaient, mais, machisme oblige, ils fanfaronnaient comme nous tous. Je finis par me persuader que c'étaient les filles qui comptaient le plus pour moi, or il n'y en avait pas une seule sur tout le campus. Après tout, je n'étais pas obligé de rester dans cette école. L'an prochain, j'irais là où il y avait des filles !

Chapitre 3

Les fugues

Après un été agréable passé à faire de la plongée sous-marine, du ski nautique et à poursuivre les filles, je rentrai à New York. Ma mère avait découvert une école privée appelée Bentley, où la plupart des enfants étaient juifs. Les filles auréolaient de prestige tout ce qui avait trait à l'armée et je sortais fraîchement de l'école militaire, en pleine forme physique, bronzé et sûr de moi. Les garçons me respectaient parce que je savais me battre, mais cette intégration facile ne me servit pas. J'avais tellement besoin d'être aimé et accepté que je pris aussitôt de mauvaises habitudes.

D'abord, je volai chaque jour une cigarette dans les provisions maternelles, afin de pouvoir traîner et fumer avec les autres avant l'école. Mais je ne m'arrêtai pas là. Je commençai à en voler deux par jour pour pouvoir également fumer sur le chemin du retour, et très vite, j'en vins à voler de l'argent, afin de pouvoir m'acheter mes propres cigarettes.

J'étais prêt à mettre en œuvre tout ce que mes amis me mettaient au défi de faire. Un jour, à Miami, je sautai même dans la baie du haut d'un pont. Plus mon comportement était audacieux, plus j'attirais l'attention; mes camarades se mirent à m'appeler : « Le fou ». Mes notes baissèrent progressivement. Je perdis le contrôle de moi-même et redevins très malheureux.

Un jour, après l'école, mon groupe traînait en attendant le bus, fumant et bavardant. Deux des filles étaient vraiment mignonnes et je voulus les impressionner, aussi dis-je impulsivement : « Cette école est nulle. Il ne s'y passe jamais rien. Je vais fuguer. »

Une jolie petite blonde appelée Lou suffoqua. « Oh non, Doug ! Tu ne peux pas faire ça ! Où irais-tu ? » me demanda-t-elle, les yeux agrandis par l'inquiétude. « Que ferais-tu pour de l'argent ? » questionna une belle brunette au teint velouté. « Bah ! Il ne le fera pas. Il ne fait que se vanter ! » commenta Rod en me défiant. Un peu ours, Rod n'appréciait pas l'attention qu'on m'accordait. Avant même de m'en rendre compte, je fus pris au piège : la seule porte de sortie était de m'exécuter ou d'être ridiculisé. Or cette dernière solution était, bien sûr, impensable.

Cette nuit-là, au lieu de dormir, je mis un plan au point. Je savais où ma mère cachait son argent et je m'emparai de trois cents dollars. J'attrapai un bus en direction du nord vers mon ancien terrain d'élection. Je marchai vers les monts bordant l'école militaire et campai là quelques jours. D'où j'étais, je voyais les bâtiments et trouvai le temps long. Chaque jour supplémentaire passé dans les bois me rendit plus solitaire, jusqu'à ce qu'enfin j'abandonne et retourne chez moi. Au moins, maintenant, plus personne ne se moquerait de moi. En y repensant, je me demande comment j'ai pu peiner mes parents à ce point. Mais, à l'époque, je pensais que personne ne se souciait de moi. Je ne me souciais donc de personne.

Ma première fugue fit naître en moi un désir d'aventure et je formai bientôt un nouveau plan. Je me rendrais avec deux amis au Mexique, où nous ferions ce que bon nous semblerait et gagnerions notre vie en faisant pousser de la marijuana. J'avais un bon ami, David McLean, un garçon de l'Inde. Il avait un caractère aimable, un physique agréable et un sourire radieux, qui attirait les filles comme le miel attire les abeilles. Sa compagnie me donnait l'impression que j'étais populaire. Il appréciait mon comportement audacieux et nous nous entendions bien. Nous avions besoin d'une troisième personne pour nous aider, mais qui ? « Demandons à Victor, suggéra David. Je l'ai entendu parler de fugue.

— Je ne sais pas, dis-je. Il n'a pas l'air très futé. » Mais étant donné le peu de possibilités offertes, nous décidâmes de demander à Victor s'il était intéressé. Notre idée l'enthousiasma. « Apportez vos passeports, leur recommandai-je. Pas la peine d'avoir des ennuis avec le gouvernement mexicain.

— Où trouverons-nous des graines de marijuana ? s'enquit Victor.

— Aucun problème, le rassurai-je. J'ai un ami qui m'en vendra suffisamment pour démarrer une exploitation. Par contre, je ne sais pas comment passer la frontière sans être pris avec. » Nous en discutâmes et finalement nous nous mîmes d'accord sur ce que nous pensions être la solution parfaite. Nous découpâmes un trou dans les pages d'une Bible et nous y cachâmes les graines. Cela me parut de prime abord sacrilège mais, puisque aucun de mes complices ne souleva d'objection, je fis taire ma conscience.

Nous mîmes soigneusement notre plan au point et, enfin, le jour du départ arriva. « Rendez-vous à la gare, leur dis-je. Mettez des vêtements chauds et soignez votre tenue. On sera tout de suite repérés si on a l'air de vagabonds. » Mais Victor ne m'écouta pas. Quand nous le rencontrâmes à la gare, il portait une vieille vareuse de l'armée, une casquette de mécanicien sale et des jeans déchirés. Il avait ses affaires dans un baluchon dans le dos. Il aurait pu tout aussi bien porter sur lui un écriteau indiquant : « Fugueur ! »

Nous achetâmes nos tickets et nous nous alignâmes sur le quai. Tandis que nous attendions le train, trois policiers s'avancèrent vers nous. Je retins mon souffle, mais ils nous dépassèrent, David et moi, pour entourer Victor. Ils commencèrent à lui poser des questions. David et moi fîmes semblant de ne pas le connaître et nous montâmes dans le train avec les autres passagers. Nous trouvâmes deux sièges libres côte à côte et nous assîmes. « Ouf ! On l'a échappé belle ! Tu avais raison au sujet des vêtements. Ils ne nous ont même pas regardés ! » dit David à voix basse, tout excité.

Nous roulâmes ainsi deux heures, en parlant bas, mais notre liberté toute neuve ne dura pas. Dans une petite ville de Pennsylvanie, plusieurs détectives de la police envahirent le train et s'avancèrent lentement dans la travée. « Ils nous cherchent ! chuchotai-je. Sortons par-derrière. » Mais là, d'autres policiers nous attendaient. Ils n'eurent aucun mal à nous reconnaître.

Victor nous avait dénoncés, en donnant nos noms et en expliquant quels étaient nos plans et à quoi nous ressemblions. Nous nous retrouvâmes rapidement incarcérés avec un garçon de dix ans, qui avait tué une vieille femme avec une batte de base-ball pour avoir son argent. Le seul fait de le regarder me donnait la chair de poule.

Le juge du tribunal pour mineurs nous témoigna de la bonté, mais ses efforts me laissèrent indifférent. Il était chrétien et chercha à nous parler de Dieu et de son amour, mais j'avais tellement de préjugés sur le christianisme, à cause de ce que m'avaient dit mes amis juifs, que je ne voulus rien entendre. Nous étions au tribunal pour enfants depuis deux jours quand nous entendîmes la clef tourner dans la serrure. La porte s'ouvrit tout grand devant deux détectives très bien habillés. « Prenez vos affaires, les garçons. Vous rentrez chez vous par avion. Vos mères et des officiers de police vous accueilleront à l'aéroport de New York, alors pas de bêtises, hein ? »

Le nœud qui me contractait l'estomac se relâcha et une sensation de soulagement m'envahit. Je n'avais pas envie d'être confronté à ma mère en présence des détectives, mais peut-être qu'une solution se présenterait. Au moment de monter dans l'avion, on nous rendit notre argent et nos affaires. Incroyable ! Quel geste inconséquent de leur part ! C'était tout ce dont nous avions besoin.

À l'aéroport de New York, des assistants firent rouler des passerelles jusqu'à notre avion, les hôtesses déverrouillèrent la porte et l'ouvrirent. On apercevait des gens qui attendaient. Nous fîmes la queue avec les autres passagers, mais au lieu d'aller jusqu'à l'aérogare, nous passâmes par-dessus les barrières et détalâmes. Nous nous attendions à un coup de sifflet de la part de la police, ou, en tout cas, à quelque perturbation, mais personne ne sembla nous remarquer. Nous appelâmes un taxi qui nous emmena quelques kilomètres plus au nord.

Nous observions le compteur en nous regardant avec inquiétude. « Déposez-nous à la gare, dis-je au conducteur. On ne va pas utiliser tout notre argent pour payer le taxi, ajoutai-je à voix basse à l'intention de David. Le train est moins cher.

— D'accord, répondit-il. Mais où aller ?

— On pensera que nous sommes retournés vers le sud, répondis-je. Allons vers le nord. Que penses-tu de Haverstraw ? J'ai entendu dire que c'est une gentille petite ville. On pourrait s'acheter de quoi camper et monter ensuite dans la montagne.

— Je suis ton homme », acquiesça David. Nous prîmes nos tickets et nous montâmes dans le train.

À Haverstraw, nous mîmes notre argent en commun et achetâmes une tente et un sac de couchage. La nuit tomba de bonne heure et, en traversant un cimetière, j'entendis mon cœur battre contre mes tympans. La nuque me picotait tandis que mes cheveux se dressaient sur ma tête.

En grandissant, j'avais appris des notions contradictoires. D'une part, on m'avait dit que Dieu n'existait pas, que tout était issu d'un grand sursaut biologique, et que la vie s'arrêtait à la mort. Mais, d'autre part, ces mêmes personnes m'avaient dit que la vie avait un aspect mystique et qu'il existait un univers spirituel. Parfois, à la maison, nous cherchions à communiquer avec les morts. Et tous les films d'horreur que j'avais vus ces dernières années n'arrangeaient pas les choses.

J'étais certain que nous ne sortirions pas vivants du cimetière car, non seulement il faisait nuit, mais c'était la pleine lune. Je m'attendais qu'un loup-garou ou un vampire surgisse pour nous dévorer. Je n'avais pas lu, dans la Bible, que « les vivants savent qu'ils mourront, mais les morts ne savent rien » ni que, dans la tombe, il n'y a plus aucune connaissance (Ecclésiaste 9.5,10). J'ignorais également que Jésus avait dit que les morts dormiraient jusqu'à la résurrection, à la fin du monde. Je poussai un soupir de soulagement quand nous eûmes mis une bonne distance entre les tombes et nous-mêmes.

Tandis que la lune montait dans le ciel, nous continuâmes notre marche et trouvâmes un sentier qui grimpait dans la montagne. Plus nous montions, plus profonde était la neige, mais comme nous étions des garçons de la ville, nous ne savions pas qu'elle serait plus épaisse en haut et qu'il y ferait plus froid. Nous débouchâmes dans une petite clairière au milieu des arbres et je laissai tomber la tente. « Cet endroit n'a pas l'air mal, dis-je, essoufflé.

— Ouais ! acquiesça David. Personne ne nous trouvera là. Je suis gelé et je n'en peux plus. »

Nous entreprîmes de monter la tente. La lumière de la lune, en se reflétant sur la neige, nous éclairait assez bien et nous eûmes bientôt fini. Maintenant que nous avions un abri, nos pensées se tournèrent vers nos estomacs vides. Malgré nos doigts raides de froid, nous ouvrîmes, laborieusement, une boîte de haricots que nous réchauffâmes. « Je vais laisser brûler le réchaud après le repas, dit David. Peut-être que cela chauffera un peu la tente. »

Non sans mal, nous nous glissâmes tout habillés dans l'unique sac de couchage. Peu à peu, nous nous réchauffâmes et, d'épuisement, malgré la position inconfortable, nous finîmes par sombrer dans le sommeil. Nous nous étions couchés de bonne heure, mais nous nous réveillâmes environ deux heures plus tard dans une mare d'eau glacée. La chaleur de la flamme combinée à celle de nos corps avait fait fondre la neige sous la tente et nous étions trempés jusqu'aux os.

Nous rampâmes péniblement hors du sac de couchage et nous nous regardâmes. Nous claquions des dents et nos vêtements mouillés nous collaient au corps. « Tu fais ce que tu veux, dis-je à David, mais, moi, je me tire de là.

— Moi aussi, renchérit-il. Mais que faire de la tente et du sac de couchage ?

— Laissons-les. Le sac de couchage est mouillé et lourd, et j'ai trop froid pour démonter la tente. Partons. »

En trébuchant, nous descendîmes le sentier de montagne recouvert de plusieurs centimètres de neige fraîche. Jamais je n'avais eu si froid, ni ne m'étais senti si misérable. Nous atteignîmes la ville, où un petit bar-restaurant était encore ouvert. Nous regardâmes longuement la chaude lumière qui s'en dégageait.

« Entrons et réchauffons-nous », dis-je. Nous entrâmes et nous restâmes plantés là, regardant autour de nous. Nous aperçûmes un billard à l'arrière de la salle et deux clients assis sur des tabourets de bar en train de manger des hamburgers et des frites. Ils s'arrêtèrent de manger et regardèrent dans notre direction. Nous devions ressembler à des épouvantails, mais j'étais trop gelé et affamé pour m'en inquiéter. Nous nous hissâmes sur des tabourets et nous commandâmes quelque chose.

J'avais moins de dix dollars dans ma poche, mais c'était assez pour un repas, même en gardant quelques pièces de côté. Je commandai un hamburger et une double portion de frites. J'avalai le hamburger en le mastiquant à peine. Quand j'attaquai les frites, je ne tremblais plus et me sentis encore mieux après deux cigarettes. Puis nous discutâmes à voix basse. « Il fait bon, ici, dis-je à David. Restons. Je ne veux pas retourner dans le froid.

— Mais comment ? demanda-t-il. Le bar va fermer et nous serons obligés de partir.

— Jouons au billard, fut ma suggestion. Te reste-t-il de l'argent ?

— Un peu, répondit-il.

— Bon. Jouons tant que nous avons de l'argent. On trouvera bien une solution. »

Nous avons joué et fumé des cigarettes jusqu'à la fermeture. Nos vêtements étaient secs et la vie nous semblait plus rose. Le propriétaire s'approcha de nous. « C'est l'heure de fermer, messieurs. Il faut partir », nous dit-il presque en s'excusant. Nous nous sommes regardés avec découragement.

« Ce n'est pas possible, articula David. Je veux dire, nous ne savons pas où aller.

— Ouais, nous cherchons du travail, mentis-je. On nous a mis à la porte à New York et nous n'avons pas assez d'argent pour aller à l'hôtel. »

Le propriétaire ne sut que répondre. Après un long silence, il dit : « Attendez une minute. » Il nous quitta pour se rendre dans la cuisine, où sa femme finissait de ranger. Il fut rapidement de retour.

« Voulez-vous rester quelques jours chez nous ? Nous pouvons vous loger et vous donner un peu de travail. Peut-être que d'ici là, vous aurez trouvé quelque chose. » Nous avons accepté son offre avec gratitude, heureux à la perspective de nourriture et de lits chauds et secs.

Mais notre nouveau foyer fut de courte durée. Nos hôtes devinèrent la vérité et nous dénoncèrent aux autorités comme fugueurs. Des policiers vinrent nous chercher et ils nous emmenèrent à la gare. Il n'aurait servi à rien d'essayer d'être plus finauds qu'eux. Ils avaient tous les jours affaire à des fugueurs. Ils ne tardèrent pas à découvrir notre identité et contactèrent nos parents.

La mère de David vint chercher son fils le lendemain, tandis qu'un policier m'escortait jusqu'à l'aéroport de New York, où m'attendait ma mère. « Merci, monsieur l'officier », dit-elle. Elle avait l'air vraiment blessée et en colère. « Comment peux-tu me faire ça à moi, Doug, s'écria-t-elle. J'ai fait tout ce que j'ai pu pour toi. Je ne peux plus en supporter davantage. Tu vas aller vivre avec ton père ! J'ai déjà acheté ton billet. Ton avion part dans une heure. »

Un silence tendu s'installa entre nous pendant que nous attendions mon avion. J'avais de la peine pour elle. Elle portait des lunettes de soleil, mais je voyais bien que ses yeux étaient rouges et gonflés. Nous nous dîmes au revoir avec raideur et je montai dans l'avion. Je m'effondrai sur mon siège et regardai par la fenêtre sans rien voir, brûlant de colère contre moi-même et le monde entier. Vivre avec mon père était la dernière chose que je voulais faire. Il était trop strict.

J'arrivai chez mon père sombre et déprimé et me sentis très vite en trop dans sa maison. Je ne pouvais pas m'empêcher d'être jaloux de ma belle-mère, Betty, et de son fils. Elle se donna du mal pour m'être agréable, mais je ne l'encourageai en rien. Je me sentais si mal aimé et si peu désiré que je rendis la vie impossible à tous. Betty finit par adresser un ultimatum à mon père : « Ou c'est lui qui part, ou c'est moi. » Personne n'en fut très surpris.

Mon père m'emmena dans l'un de ses hôtels et envoya tous les jours une voiture me chercher. Le nouvel arrangement prévoyait que j'accomplirais une demi-journée de travail pour lui dans les hangars de l'aéroport et une demi-journée à l'école. J'avais l'impression d'être un esclave qui n'avait pas son mot à dire et j'avais horreur de ça !

Mon père se mit à recevoir des coups de fil du principal, environ une fois par semaine, lui annonçant que j'avais manqué la classe, n'avais pas fait mes devoirs ou dérangeais tout le monde. Mon père venait alors me chercher. Il m'emmenait dîner et nous parlions. J'étais content quand il me parlait. Je sentais qu'il se faisait du souci pour moi, mais il avait du mal à exprimer ses sentiments.

Il sut clairement m'exprimer une chose : si je ne m'améliorais pas, la prochaine étape serait la maison de redressement. Je savais qu'il ne plaisantait pas. J'essayai de coopérer pendant un temps, puis, incapable de supporter la situation plus longtemps, je fuguai une nouvelle fois.

Mais les ennuis commencèrent dès le premier jour. Mon ami Joe et moi avions décidé d'aller nager dans l'océan. Nous n'avions pas de maillots de bain, mais il faisait nuit et nous nous baignâmes nus. Nous nageâmes et jouâmes dans les gros rouleaux pendant environ une demi-heure. Puis je dis : « J'ai faim. Attrapons nos vêtements et courons là-bas vers cette vieille maison de plage abandonnée. Restons-y le temps de nous sécher. »

Nous sortîmes de l'eau à quatre pattes, nous nous saisîmes de nos vêtements et détalâmes vers la vieille maison. La porte grinça quand nous l'ouvrîmes. Nous la refermâmes derrière nous et visitâmes la maison.

« Le vent commence à souffler très fort, remarqua Joe. Écoute le bruit que font ces vieux volets.

— J'entends, répondis-je. Voyons si nous trouvons quelque chose qui ressemble à une serviette. Il vaudrait mieux s'habiller au cas où quelqu'un viendrait voir pour connaître la raison de ce vacarme.» Nous examinions les chambres en espérant y trouver quelque chose pour nous sécher, quand la porte de devant s'ouvrit, et deux policiers entrèrent!

J'ai honte de dire que je fus arrêté pour tenue indécente. J'étais mort d'embarras, mais je gardai le front haut. Les policiers nous emmenèrent au poste et nous interrogèrent, cherchant à découvrir qui nous étions, mais je cachai soigneusement ma véritable identité. Je savais qu'ils me livreraient à mon père s'ils l'apprenaient et c'était la dernière chose que je voulais. Aussi leur dis-je que je m'appelais Adam Fisher et que je venais de New York. Ils me gardèrent en prison environ une semaine.

Je commençai à me demander si je n'avais pas eu tort. Dans cette prison, les garçons à la peau blanche étaient en minorité, et les noirs et les Cubains nous traitaient avec méchanceté. Cependant, je tins bon. Les officiers de police me questionnèrent jusqu'au jour où je leur appris involontairement le nom d'une école où j'étais vraiment allé. Il ne leur fallut que quelques heures pour trouver qui j'étais et appeler mon père.

Je soupirai en montant dans sa nouvelle Lincoln. Il ne prononça pas un mot en conduisant, mais je devinai qu'il était à bout de ressources.

Ma mère, toujours prête à essayer quelque chose de nouveau, discuta de mon cas avec mon père. «Il a besoin d'une école où il peut s'exprimer, proposa-t-elle. J'ai trouvé une école appelée Pinehinge. C'est une école expérimentale libre dans le Maine. D'après la philosophie qu'elle professe, les enfants n'apprennent que ce qui leur tient à cœur. Tu sais bien que Doug est incapable d'apprendre ce qui ne l'intéresse pas. Cette école est faite pour lui.»

Bien que préférant une école avec une discipline stricte, mon père se laissa persuader. Après tout, ses idées à lui n'avaient pas marché non plus.

Chapitre 4

Enfin libre !

Pinehinge enthousiasmait ma mère. « Je suis sûre que tu vas aimer, Doug ! Tu choisis le cours que tu veux et aucune matière n'est obligatoire. Tu étudies quand tu veux et ce que tu veux. C'est une école libre. » J'étais emballé. En réalité, elle était encore plus libre que nous ne l'imaginions. Les enseignants étaient des hippies, peu stressés, et l'école comportait seulement trois règles, que personne ne respectait : « Ni drogues, ni sexe, ni bagarres. » Les internats étaient mixtes et les chambres aussi pour ceux qui le désiraient. Il y avait environ quarante élèves, de huit à dix-huit ans. Nous n'étions obligés ni de nous lever le matin, ni d'aller en classe, ni d'aller manger. C'est cette dernière liberté qui finit par provoquer la fermeture de l'école.

On nous avait dit qu'on pouvait apprendre ce qu'on voulait. Alors nous apprenions à renifler de la colle et à fabriquer de la bière ou du LSD. En classe, nous fumions des cigarettes ou de la marijuana. C'est là que je fis la connaissance d'un garçon de Brooklyn appelé Jay, qui m'initia aux finesses du cambriolage.

Jay et moi avions un certain nombre de points communs. Sa mère, comme la mienne, était juive. Son père avait entretenu des rapports avec la mafia, mais il avait été tué. Malgré ses quinze ans et son esprit brillant, il ne reconnaissait que le mot STOP sur les panneaux de signalisation. Il ne savait pas lire. Il parlait avec un épouvantable accent de Brooklyn, que même certains New-Yorkais avaient du mal à comprendre et je crois qu'il était encore plus fantasque, déraisonnable et suicidaire que moi. Par les nuits d'hiver, il m'emmenait voir les maisons de vacances non occupées du Maine et me montrait comment y pénétrer et cacher ensuite ce que nous y avions dévalisé.

Puisque nous n'étions pas obligés d'aller en classe, je m'y rendis très peu. Je traînais avec les copains et poursuivais les filles. Mais je participais au programme sportif et, notamment, je fis du ski. La plupart d'entre nous possédaient une carte saisonnière pour le mont Abrams et l'école nous emmenait à la station de ski trois fois par semaine. Cette année-là, je devins un bon skieur. Mon ami Jay et moi fumions de la marijuana sur le télésiège, puis prenions des risques fous en redescendant. Nous aurions pu nous tuer ou nous briser les os, mais c'était le dernier de nos soucis. Je mettais Jay au défi de sauter d'une grande hauteur et il le faisait! Il cherchait un endroit encore plus élevé et me défiait à son tour. Nous perdions souvent le contrôle de nos skis et nous écrasions dans la neige. Heureusement, nous ne nous sommes jamais blessés gravement, ni cassés quelque chose.

Un jour, je lus, sur le tableau d'information de l'école :

MAÎTRISEZ VOTRE ESPRIT

Comment gagner à la loterie, guérir, provoquer des événements et acquérir la maîtrise de votre vie

Voilà un cours qui en valait la peine! Je décidai d'y aller. Ce cours dura environ deux semaines. Le professeur nous présentait une notion nouvelle, puis nous en discutions ensemble et posions des questions. Ensuite, nous nous séparions en petits groupes et passions à la pratique. «Le subconscient est plus puissant que le conscient», nous expliquait le professeur. Grâce à une sorte d'auto-hypnotisme, il nous apprenait comment atteindre un état de relaxation profonde. Nous étions sensés coopérer avec Dieu et faire quelque chose qu'il approuvait, alors que c'était tout le contraire. «Jésus, nous disait l'enseignant, avait découvert comment utiliser la puissance de la pensée et c'est comme cela qu'il guérissait. Dieu est en vous. Vous êtes divins.»

Ne connaissant pas la Bible, nous ne savions pas que nous coopérions en réalité avec Satan. Nous n'avions jamais entendu dire que, dans les Saintes Écritures, la sorcellerie était interdite et que Satan lui-même se montrait sous la forme d'un ange de lumière. Je n'avais jamais entendu parler d'Éphésiens 6.12, aussi croyions-nous sans hésitation ce que nos professeurs nous disaient. Nous nous rendions compte qu'une puissance surnaturelle présidait à nos expériences.

Les élèves se vantaient de leur puissance nouvellement acquise. Un jour, un groupe discutait avec animation des expériences que nous venions de faire. «Je n'y crois pas! dit Laura avec mépris. Vous pensez peut-être qu'il se passe quelque chose, mais c'est tout dans votre tête.» Laura n'avait pas assisté au cours. «Mais il se passe vraiment quelque chose, déclarai-je avec assurance. Nous avons un pouvoir réel et je peux te le prouver.

— Ah oui? Comment cela? demanda Laura.

— En guérissant quelqu'un, dis-je. Ou plutôt, en faisant un diagnostic et en guérissant ensuite. Désigne-moi quelqu'un qui a besoin d'une guérison et tu verras bien!

— C'est d'accord! me dit-elle en me regardant droit dans les yeux. Donne-moi l'heure et le lieu, j'y serai.»

Nous décidâmes de nous retrouver dans le hall à sept heures après dîner. J'installai des chaises dans un coin calme, tandis que je l'attendais. Quand elle arriva, je l'invitai à s'asseoir en face de moi. «Que veux-tu que je fasse? lui demandai-je.

— Le diagnostic d'une personne malade. Dis-moi ce qui ne va pas chez elle.

— Il faut que tu me donnes son nom et son adresse», lui répondis-je.

Il ne me fallut pas plus de quelques minutes pour atteindre un état d'auto-hypnose proche des ondes alpha du cerveau. La vision d'une femme surgit dans mon mental et j'en fis la description. «Je vois une femme d'environ quarante-cinq ans. Elle est brune et porte des lunettes. Elle est de taille moyenne.

— Ça alors! J'ai du mal à le croire! C'est ma mère», s'exclama Laura en se frappant le front. Puis j'entrepris de «descendre» dans le corps de sa mère pour localiser le problème. Quand j'arrivai aux organes reproducteurs, je vis que quelque chose n'allait pas. « Ta mère est stérile, lui annonçai-je. Elle ne peut pas avoir d'enfants. »

Laura resta bouche bée d'étonnement. « Comment sais-tu cela ? Comment as-tu deviné ? Je n'en ai jamais rien dit à personne, mais j'ai été adoptée, parce que ma mère ne peut pas avoir d'enfants. Peux-tu l'aider ?

— Je vais essayer. » Je descendis encore plus profond dans mon subconscient. On nous avait dit de ne pas descendre trop profond, car nous risquions de perdre le contrôle de ce qui se passait. Je ne me souviens pas comment je m'y suis pris, mais j'opérai une sorte de chirurgie psychique. Je n'en connus jamais le résultat. Si j'avais su alors ce que je sais aujourd'hui, j'aurais pris peur.

Je me liai d'amitié avec Evan Owens, un personnage peu courant. Il n'avait que treize ans, mais son quotient intellectuel était de 165. Ses parents l'avaient envoyé à Pinehinge dans l'espoir qu'il y trouverait de quoi nourrir son génie, mais il ne s'intéressait pas à grand-chose. Il aimait boire et fumer de la marijuana comme nous tous.

En général, je trouvais les garçons brillants plutôt ennuyeux, mais ce n'était pas le cas d'Evan. Son humour nous faisait constamment rire. Même son apparence était comique. Ses cheveux, longs d'une trentaine de centimètres et coiffés à l'africaine, contribuaient à sa drôlerie. Sa tête faisait penser au duvet d'un pissenlit géant. Quand il se levait le matin, il avait l'air étrange, parce que ses cheveux étaient aplatis du côté où il avait dormi.

« Allons en ville acheter un pack de bière, proposa Evan un jour. C'est trop calme par ici.

— Bonne idée », dis-je. Je possédais un permis de conduire obtenu en Floride, sur lequel j'avais changé ma date de naissance. On y lisait 1952 au lieu de 1957, ce qui me donnait officiellement l'âge d'acheter des boissons alcoolisées.

Les habitants de la petite ville respectable de Waterford, dans le Maine, gens posés allant régulièrement à l'église, considéraient avec dégoût les élèves de

Pinehinge, non sans raison. Non seulement ces derniers semblaient tout droit sortis d'un cauchemar, avec leurs vieilles nippes et leurs cheveux longs et sales, mais ils insultaient également les habitants avec un langage grossier et obscène. On les accusait de propagande communiste et de vente de drogue aux jeunes.

Tandis que nous faisions nos achats dans le magasin, je remarquai un homme qui nous fixait du regard. Il portait un treillis de l'armée et un chapeau de chasse. Je lus dans son regard la même lueur de folle violence que j'avais autrefois croisée dans les rues de New York. Un frisson glacé me parcourut, que je chassai d'un haussement d'épaule.

Quand il nous suivit dehors et monta dans son camion-benne, je compris qu'il ne se préparait rien de bon. Nous étions à pied. Je jetai un coup d'œil sur son camion et aperçus par la fenêtre arrière un râtelier d'armes contenant une carabine et un fusil de chasse. Evan les remarqua aussi. Quand nous eûmes parcouru environ trois cents mètres, l'homme démarra et nous suivit lentement. Il n'était pas difficile de deviner ses intentions. Il allait nous suivre jusqu'à la lisière de la ville et lorsque nous serions suffisamment loin dans les bois, il abattrait les deux hippies que nous étions. Personne ne remarquerait rien et même si nos corps étaient découverts, personne ne s'en soucierait.

Evan et moi regardions en arrière tour à tour en essayant de paraître calmes. Soudain, Evan s'étrangla :

« Doug ! Il a garé son camion. Et il prend son fusil !

— Semons-le ! » lançai-je.

Nous quittâmes la route et bondîmes dans les bois, sans remarquer les ronces qui nous écorchaient et les branches qui nous frappaient au visage. Avec toute l'adrénaline qui courait dans nos veines, nos pieds volaient. Nous n'avons pas tardé à le distancer et quand nous eûmes l'impression d'être suffisamment loin, nous plongeâmes dans les buissons. Nous nous efforcions de respirer doucement, mais nous entendions notre cœur battre contre nos tympans, tandis qu'une douleur nous transperçait la poitrine.

Nous l'entendîmes piétiner non loin de nous. Il ne tarda pas à s'arrêter. Il était clair qu'il attendait que nous sortions. Puis il commença à tirer dans les buissons, cherchant à nous chasser de notre cachette. Le bruit était si proche qu'il provoqua une chute de feuilles mortes. Une balle siffia au-dessus de nos têtes et s'enfonça dans un arbre, provoquant une nouvelle chute de feuilles. Après quelques minutes, nous l'entendîmes s'éloigner.

Nous restâmes allongés par terre pendant une éternité. J'entendis un bruit de papier froissé et regardai Evan avec ébahissement. Il tirait du sac un pack de bière aussi silencieusement qu'il pouvait. « Qu'est-ce que tu fais ? » chuchotai-je d'un ton incrédule. Je pensai que son cerveau brillant avait imaginé un plan pour faire diversion. Mais non, il sortit une cannette de bière et entreprit de l'ouvrir. La bière, secouée par notre course folle, jaillit avec abondance. Evan porta la cannette à ses lèvres et but une longue gorgée. « Si je dois mourir, que ce soit en état d'ivresse », chuchota-t-il. Quand il eut terminé de boire sa deuxième cannette, sa peur s'évanouit. Il se mit debout et jeta un regard à travers les arbres.

« Il est parti ! » articula-t-il à mi-voix. Je me mis debout aussi silencieusement que possible et nous marchâmes sur la pointe des pieds jusqu'à la route, en regardant de tous côtés et en cherchant des yeux un endroit où nous réfugier au cas où nous verrions de nouveau notre assaillant.

Nous l'aperçûmes bientôt, cent cinquante mètres plus loin, sur la route. « Le voilà, il est assis dans son camion », chuchotai-je, terrorisé. Il semblait décidé à nous attendre. Il se doutait probablement que nous reviendrions sur la route. « J'entends une voiture ! » lançai-je à Evan, le souffle coupé. Nous la guettâmes tandis qu'elle se rapprochait. Notre cœur fit un bond quand nous reconnûmes Dottie, l'une des enseignantes de Pinehinge, reconduisant des élèves à l'école. Nous sortîmes des bois en courant et, debout au milieu de la route, nous fîmes de grands signes en hurlant : « Stop ! Stop ! » Elle avait le choix entre s'arrêter ou nous renverser. Elle s'arrêta et baissa la vitre.

« Je ne peux pas vous ramener à l'école, dit-elle. La voiture est pleine.

— Laissez-nous monter ! hurlai-je. Vous voyez le type dans ce camion, là-bas ? Il nous a tiré dessus ! »

Il venait de remettre son moteur en route. Dottie comprit la situation d'un coup d'œil. « Montez, vite ! » nous enjoignit-elle. Nous nous empilâmes sur les autres enfants en claquant la porte derrière nous. Elle démarra en trombe et roula à toute vitesse vers l'école. Un peu plus tard, quand elle regarda dans le rétroviseur arrière, elle vit qu'il était parti et nous recommençâmes à respirer !

Puisque très peu d'élèves se rendaient aux repas, il fallait trouver une alternative. Au début, nous faisions une descente aux cuisines et nous nous servions. Puis, un jour, nous trouvâmes un cadenas sur la porte. Cela ne nous arrêta pas. Nous construisîmes un tunnel conduisant au sous-sol, où se trouvaient les réserves de nourriture, et nous y puisâmes. Les cadenas furent constamment changés, mais jamais notre tunnel ne fut découvert. Nous avons volé tant de nourriture que l'école fit faillite et finit par fermer.

Toute cette liberté me rendit-elle heureux ? Guère. Ce fut l'une des années les plus misérables de ma vie. La vie n'avait aucun sens pour moi. J'avais été plus heureux à l'école militaire, avec tous ses règlements, qu'à cette école « libre » où il n'y en avait aucun.

Chapitre 5

La grotte inaccessible

Des rumeurs séduisantes sur les communautés hippies et le merveilleux climat de la Californie du Sud nous parvinrent. Il n'y faisait jamais froid, même en hiver. Il était possible d'y camper toute l'année et de manger ce qui y poussait. « C'est comme ça que je vois la vie ! annonçai-je à Jay. J'aimerais vivre de la terre et ne rien devoir à personne.

— Super ! s'écria-t-il avec enthousiasme. Nous avons quinze ans et nous pouvons nous débrouiller tout seuls. Allons voir ! »

Pendant les vacances de printemps, nous quittâmes Pinehinge pour rejoindre en stop la Californie du Sud. Nous plantâmes notre tente le long de Palm Springs. Un jour, des hippies nous emmenèrent en ville dans leur vieux camion. « Vous connaissez un chouette endroit ? leur demandai-je. Je veux dire, un lieu où faire la fête ?

— Nous allons à Tahquitz Canyon, nous répondit un grand type barbu. C'est assez loin de la ville, aussi les flics nous fichent-ils la paix et on peut fumer des joints, boire de la bière et faire tout le bruit qu'on veut. On y va cet après-midi. Vous voulez venir ? » Je consultai Jay du regard.

— « Magnifique ! » lui répondîmes-nous à l'unisson.

Tahquitz Canyon s'étirait sur une vingtaine de kilomètres, mais on se rendait surtout à l'embouchure, près de Palm Springs, pour y traîner et faire la fête. La beauté du site me surprit. Cette lointaine vallée déserte recelait des coins d'herbe et d'arbres et je fus fasciné par l'eau qui cascadait sur de gros rochers ronds et lisses, telle une créature vivante. Elle plongeait sur les pierres en dessous pour rejaillir en vapeur argentée. En s'irisant dans les gouttes, la lumière du soleil formait un superbe arc-en-ciel. Il n'était pas surprenant que des producteurs de cinéma aient utilisé ce paysage comme arrière-plan pour leurs films!

Tandis que nous revenions en fumant de la marijuana, un homme et une jeune femme sortirent du canyon en descendant vers nous. Les longs cheveux blonds de l'homme étaient décolorés par le soleil. Sa peau sombre et tannée et sa barbe informe me firent penser à un bouc des montagnes. Ses pieds nus m'intriguèrent également. Comment pouvait-il marcher pieds nus avec tant de cactus partout? me demandai-je.

Une jolie fille d'environ dix-huit ans l'accompagnait. Elle avait de grands yeux bruns, des cheveux noirs qui flottaient derrière elle et une peau mate et lisse. Elle avait l'air mi-hawaïenne, mi-italienne. Elle portait sur son dos, dans un siège, le plus étrange des bébés. Sa peau presque noircie par le soleil contrastait étonnamment avec ses cheveux blonds très clairs hérissés sur la tête comme s'il avait mis le doigt dans une prise électrique. J'appris qu'il était né à Tahquitz Canyon et qu'il s'appelait Tewey Tahquitz.

« Vous venez d'où ? » demandai-je à l'homme. Il s'arrêta et me regarda.

— De chez nous, répondit-il.

— Vous voulez dire que vous habitez là-haut ? Je montrai le canyon. Vous créchez où ? ajoutai-je en essayant d'imiter le jargon hippie.

— Oh, dans une grotte », annonça-t-il nonchalamment.

Le garçon de la ville que j'étais eut de la peine à retenir sa surprise. « Hé, mec ! J'aimerais bien voir ça. Je peux y aller avec toi ? demandai-je avec empressement.

— Sois mon invité, répondit-il. Nous allons faire du stop jusqu'en ville pour faire la manche, acheter des provisions et essayer de donner ces bébés coyotes pendant qu'on est là. » Il souleva en l'air les deux chiots les plus adorables que j'avais jamais vus.

« La mère est moitié chienne, moitié coyote, expliqua-t-il. Le père est pur coyote. Nous serons probablement de retour dans deux heures. À notre retour, suis-nous. »

J'attendis leur retour avec impatience. Jay était allongé par terre, les yeux mi-clos, trop dans le cirage pour comprendre ce qui se passait. Quand ils revinrent, je les suivis et nous commençâmes à escalader le canyon.

« Je m'appelle Jim, me dit-il, tandis que nous grimpions les uns derrière les autres sur le sentier qui serpentait. Et voici ma femme, Sunny. »

Je posai une multitude de questions tandis que nous marchions, mais bientôt le chemin, qui montait d'abord en pente douce, devint raide et rocailleux. Je soufflai si fort que je dus cesser de parler, sauf pour demander de temps en temps : « C'est encore loin ?

— Oh, pas bien loin, assurait Jim, juste de l'autre côté de la colline. » J'apercevais une petite colline devant nous et je pensais y arriver sans mal. J'appris bientôt, cependant, qu'il parlait de la montagne qui se dressait plus loin.

Je me rendis très vite compte à quel point j'étais devenu mollasson. Après avoir quitté l'école militaire, j'avais commencé à fumer, et pas seulement des cigarettes. En fait, j'avais fumé de la marijuana le matin même, ce qui n'arrangeait pas les choses, mais le couple avançait en parlant et en riant comme si de rien n'était. Lui portait un sac à dos rempli de vingt à vingt-cinq kilos de victuailles et elle, de la nourriture et un bébé. Je n'avais que moi-même à porter et j'avais du mal à garder le rythme.

Le soleil baissa et il fit de plus en plus sombre. Je me demandais comment ils retrouvaient leur chemin. Je ne voyais que le haut des chaussettes blanches de Sunny dépassant de ses bottines. Elles semblaient sauter de bas en haut et de haut en bas au fur et à mesure que Sunny avançait. Je grimpai derrière elle en trébuchant, quelquefois à quatre pattes, cherchant à ne pas me laisser distancer. Finalement, je demandai à Jim : « Vous ne voulez pas faire une pause ? »

« Non, ce n'est pas là qu'on s'arrête d'habitude », dit-il. Heureusement, je buttai sur des cactus plusieurs fois et même si cela me fit très mal, au moins, pendant que je retirais les épines, ils s'arrêtèrent et attendirent. Cela me donna l'occasion de reprendre mon souffle.

« Encore loin ? demandai-je.
— Oh, juste un peu plus loin. »

À New York, « un peu plus loin » voulait dire un bâtiment ou deux. Pour lui, c'était plutôt un kilomètre ou deux, et, de plus, en montant. Nous atteignîmes enfin la crête de la montagne. Nous nous trouvions environ à mille mètres au-dessus de Palm Springs. Quel spectacle magnifique ! La vue plongeait sur le désert obscur et on apercevait les lumières de Palm Springs, de Desert Hot Springs, de Cathedral City, de Palm Desert et d'Indio qui s'étalaient en dessous de nous. Le couple fuma un peu de marijuana pendant que nous nous reposions. Je venais tout juste de retrouver une respiration normale, quand ils reprirent leurs sacs et repartirent.

« Est-ce encore loin ? demandai-je.

— Non, m'assura-t-il. À partir d'ici, on descend presque tout le temps. » Pour sûr, on descendait, mais la pente était si forte que chaque pas m'obligeait à raidir les jambes et à enfoncer les talons pour ne pas glisser. Puis j'entendis un bruit d'eau qui coulait et nous entreprîmes la traversée d'un ruisseau en zigzaguant. Ils savaient où se trouvaient les pierres à gué, mais moi, je glissais sans arrêt dans l'eau, sans parler des branches qui me frappaient au visage. Le sol désertique avait cédé le pas à une jungle où coulait de l'eau.

Au moment où je pensais ne plus pouvoir faire un pas, nous atteignîmes la grotte. Jim alluma une bougie, mais j'étais trop fatigué pour regarder autour de moi. Je me contentai de regarder Sunny dérouler un sac de couchage humide. « Tu dors là, dit-elle. Nous, nous montons jusqu'à notre grotte d'été. »

« Une grotte d'été ? » demandai-je avec appréhension. Ils disparurent dans le noir, me laissant tout seul dans cet endroit étrange. Je me glissai dans le sac humide et m'enroulai sur moi-même. J'entendais des bruissements qui, je l'appris par la suite, provenaient de souris, mais pour moi, ils auraient pu tout aussi bien être le glissement de serpents à sonnettes ou un lion de la montagne rampant jusqu'à moi. J'étais trop fatigué pour m'en soucier. Je finis par me réchauffer suffisamment pour m'endormir, au hurlement lointain des coyotes, au hululement lugubre de hiboux, au bruissement des souris autour de moi, dans la grotte.

Lorsque je m'éveillai le lendemain, si mon corps n'avait pas été si douloureux, j'eusse pu croire que j'étais mort et monté au ciel. Le soleil brillait dans toute sa splendeur, une étendue d'eau claire, alimentée par un petit ruisseau, se trouvait presque devant la grotte et des oiseaux gazouillaient joyeusement non loin de là.

Jim et Sunny étaient là et prenaient un bain de soleil sur un rocher, leur peau nue pour tout vêtement. Le bébé jouait au bord de l'eau, tandis que non loin la mère mi-coyote, mi-chienne, était étendue et donnait la tétée aux chiots restants. Une odeur de nourriture cuisant sur un feu de bois me rappela que je n'avais pas mangé depuis longtemps et l'arôme qui s'en dégageait me fit venir l'eau à la bouche.

Je ne savais pas comment me comporter en présence de ces deux personnes nues. Je ne m'y habituai pas complètement sur le coup, mais, au bout d'un moment, je parvins à faire comme si je ne le remarquais pas. Leur mode de vie me plaisait. Ils vivaient avant tout de ce que la terre leur donnait. Il y avait des baies et des raisins sauvages, Sunny faisait un plat délicieux avec des épis de massette, cette plante aquatique appelée aussi canne de jonc, et ils possédaient un jardin potager. Ils cultivaient même de la marijuana. Des moutons sauvages aux grandes cornes vagabondaient dans la montagne, et même si ces derniers étaient protégés, Jim partait avec son fusil et ramenait un mouton ou un cerf, quand ils avaient besoin de viande.

Je savais que je ne pouvais pas rester. J'avais laissé Jay au camp et il devait m'attendre. Mais je pris la ferme décision d'habiter un jour dans une grotte. Le lendemain, Jay et moi reprîmes la route, en autostop. Nous arrivâmes à Santa Monica presque fauchés. Le soleil s'approchait de l'horizon quand le conducteur se gara à un coin de rue.

« Je vous laisse ici, dit-il. Je m'en vais vers l'est.

— Merci de nous avoir pris, lui répondîmes-nous en saisissant nos sacs et en refermant la portière.

— Où allons-nous passer la nuit ? demanda Jay. Ici, on ne connaît personne et je ne veux pas dormir dans la rue.

— Demandons à quelqu'un où trouver des chambres pas chères, suggérai-je.

— Eh, mec, je n'ai plus beaucoup d'argent, objecta Jay.

— Moi non plus, mais peut-être pouvons-nous trouver quelque chose de vraiment pas cher. »

Un peu plus loin, des gens étaient assis sur le trottoir, fumant et bavardant. Je m'approchai d'eux.

« Y a-t-il par ici un endroit où les sans-abri peuvent manger et passer une nuit ? »

L'un d'entre eux m'indiqua le bas de la rue. « Il y a un centre d'hébergement pas cher deux blocs plus loin dans cette direction. On peut y passer la nuit pour trois dollars.

— Ouais, ajouta un autre. Et deux blocs après, il y a un centre missionnaire qui offre des repas. Écoutez leur sermon et ils vous donneront à manger. Allez-y à huit heures du matin. Après ils verrouillent les portes. Si vous êtes en retard, vous resterez dehors. » Nous les remerciâmes et nous nous dirigeâmes vers cette maison.

Les boiseries de ce vieil hôtel étaient encrassées et des morceaux de papier peint pendaient par endroits. Nous payâmes les trois dollars et reçûmes chacun une paire de draps d'une propreté douteuse et une serviette.

« Vous pouvez prendre la chambre 218, dit l'employé au guichet en nous tendant la clef. Les toilettes sont au fond du hall à droite. » L'endroit sentait le vieux, un mélange de tabac rassis, de vin bon marché et d'urine. Les draps, au moins, étaient sensés être propres.

Il ne nous fut pas facile de nous lever de bonne heure le lendemain matin, mais avec quelque vingt ou vingt-cinq autres personnes, nous nous rassemblâmes devant le centre missionnaire. Les portes s'ouvrirent à huit heures précises et le petit groupe se pressa à l'intérieur. Jay et moi nous assîmes au fond. Les personnes du centre missionnaire avaient préparé un bon programme. Ils nous traitèrent avec patience et courtoisie, malgré la façon épouvantable dont notre groupe se comporta.

Un homme chauve et souriant se leva et témoigna, tandis qu'autour de moi des gens bavardaient et blaguaient. Un rustaud rota bruyamment et tout le monde rit. Mais l'homme chauve ne poursuivit pas moins son témoignage en souriant d'un air réellement heureux. Quelqu'un devant nous vomit sur le sol et l'un des membres du centre missionnaire se précipita pour nettoyer, tandis qu'un autre aidait le pauvre type à se rendre aux toilettes. Après son témoignage, l'homme chauve se mit à chanter. Pendant tout ce temps, des gens s'effondraient, soit de fatigue ou de faim, soit parce qu'ils étaient ivres morts. Les anges de Dieu devaient nous contempler avec pitié.

L'un des jeunes hommes qui participaient au programme avait un corps musclé et râblé comme monsieur Univers. Il aurait pu saisir deux ou trois des trouble-fête au comportement grossier et cogner leurs têtes les unes contre les autres. Mais il se leva et donna un témoignage vibrant de ce que Jésus-Christ avait fait pour lui. À la fin, il nous invita à donner nous aussi notre cœur à Jésus. Je devinai sa tristesse quand personne ne répondit.

Quand le programme se termina, on nous fit entrer dans une salle du fond, où se trouvaient des tables recouvertes de nappes blanches et où tout paraissait très propre. Je m'attendais à du pain et de l'eau, ou guère mieux. Je me souviens de ma surprise de recevoir une aussi bonne nourriture. Nous faisions la queue pour recevoir notre ration : une grande assiette de pot-au-feu maison, un généreux morceau de pain et du café. Il y avait même de la tarte aux cerises en dessert! Je n'y comprenais rien. Nous qui étions sales et grossiers, on nous traitait avec respect et dignité, comme si nous le méritions. Cela ne ressemblait pas à ce qu'on m'avait dit du christianisme.

Nous entendîmes parler d'un autre endroit où l'on servait des repas gratuits, le temple des Hare Krishnas. Un jour, nous décidâmes d'essayer. Il nous fallut là aussi assister au culte, qui dura deux heures. Certaines personnes m'avaient déclaré qu'il s'agissait d'une contrefaçon de religion, et c'est vrai que cela n'avait rien à voir avec les services chrétiens auxquels j'avais assisté. Les hommes, à part une petite queue de cheval, avaient le crâne rasé. Ils portaient des robes jaune safran amples et flottantes. Les femmes aussi portaient des robes amples, roses, bleues ou violettes. Tandis que les tambours et la guitare basse jouaient de façon rythmée et monotone, les gens se balançaient et sautillaient en rythme, en secouant leurs tambourins et en agitant les bras, tout en psalmodiant toujours le même chant : « Hare Krishna, Hare Krishna, Krishna, Krishna, Hare, Hare ; Hare Ramah, Hare Ramah, Ramah, Ramah, Hare, Hare... »

Je compris tout de suite qu'on nous soumettait à une sorte d'hypnose. J'avais suffisamment fréquenté le monde du spectacle pour m'en rendre compte. L'hypnose est créée à partir de certaines facultés optiques et auditives. Un rythme martelé et répétitif peut mettre une personne en état d'hypnose. Quand des mots sans signification sont constamment répétés, une pensée subconsciente se forme dans l'esprit. Au bout d'un certain temps, le cerveau est tellement rempli de ces pensées vaines et vides que celles-ci occultent les soucis et les frustrations de la vie, procurant une fausse sensation de paix, une euphorie prétendue divine. Ainsi envoûtés, les gens donnent joyeusement leurs biens et leur argent. Quand je vis ce qui se passait, j'allai aux toilettes et y restai pendant presque tout le culte, notamment durant le chant. Quand j'en ressortis, je remarquai que Jay semblait y prendre plaisir et je me fis du souci pour lui. Après un repas de yogourt que je n'appréciai guère, j'attrapai Jay et nous partîmes.

Les vacances de printemps étaient terminées depuis plusieurs jours et nous étions à l'autre bout du pays, loin de notre école. « Si nous devons rentrer, autant rentrer maintenant, dis-je.

— Tu es bien pressé ! protesta Jay. Nous sommes en vacances, n'oublie pas !

— Oui, des vacances qui sont terminées depuis deux semaines, alors qu'il nous faut une autre semaine pour rentrer. Viens, partons. »

Chapitre 6

Le crime ne paie pas

À la fin de l'année scolaire, je retournai en Floride pour passer l'été avec mon père, mais cela se passa mal. Pinehinge avait nourri ma soif de liberté totale et mon père me trouva impossible. « Doug, me dit-il un jour. Je suis à bout de ressources. Je ne sais que faire de toi. Si tu es incapable de coopérer avec nous et de vivre comme un être humain normal, il faut que tu partes. » Le cœur brisé, il me regarda foncer avec furie vers le monde extérieur. J'avais eu seize ans en mars.

Blessé et en colère, je partis sans savoir où j'allais. Je me rendis au péage et me dirigeai vers le nord sur la route Interstate 95. Je me joignis à un grand gaillard appelé Scott. Il était bâti tout en muscles et ses lunettes lui donnaient un air intellectuel, même s'il n'avait guère fréquenté l'école secondaire. Nous fîmes du stop de Miami à Boston, où Scott avait vécu avant de partir au Vietnam. À Boston, nous ne tardâmes pas à trouver du travail. Tout se passait plutôt bien, jusqu'au jour où je découvris que Scott arrondissait ses revenus avec des cambriolages. Je me laissai peu à peu entraîner et, avant même d'en prendre conscience, je plongeai dans le crime.

Pendant les mois qui suivirent, je tombai si bas que je méprisais l'humanité entière, à commencer par moi-même. Scott et moi vivions dans des hôtels de bas étage et volions des voitures, des postes de télévision et tout ce qui pouvait être converti en argent.

Essayer de vivre dans une grande ville comme Boston n'est guère facile pour un mineur de seize ans, mais j'obtins assez vite du Massachusetts un permis de conduire indiquant que j'avais dix-huit ans. Muni d'une fausse carte de l'Intelligence Department, je trouvai un travail à mi-temps comme gardien dans une société appelée Business Intelligence. Je reçus un badge, un uniforme et une matraque. Je me sentais quelqu'un d'important quand j'ouvrais et refermais rapidement mon portefeuille pour montrer mon badge chaque fois que j'achetais de l'alcool. Mon travail me permit également d'obtenir des informations utiles à nos cambriolages.

Quand je travaillais comme gardien, je rencontrai un jeune homme appelé Brad, gardien lui aussi. Plutôt paisible de caractère, il faisait partie d'un culte oriental appelé Shakti. Il savait que je volais. « Doug, me dit-il, un jour tu vas payer pour ce que tu fais là. Ça ne te mènera nulle part.

— Qu'est-ce que tu veux dire ?

— Il s'agit de ton karma. Ce que tu fais aux autres, les autres te le feront. C'est comme un effet de boomerang.

— T'es fou ! m'écriai-je. J'ai volé une télé et je m'en suis débarrassé. Je n'ai pas été pris et je ne le serai jamais.

— Tu verras, dit-il simplement. »

Quelques jours plus tard, quelqu'un entra en effraction dans mon appartement et vola mon poste de télévision et ma radio. J'étais furieux ! Puis je commençai à remarquer qu'on me volait tout ce que je volais. L'argent volé disparaissait. J'appris par la suite que Scott me volait !

Je volai une voiture et me retrouvai bientôt avec deux pneus à plat. Mais ce fut un détail insignifiant qui emporta ma conviction, la coïncidence étant si remarquable que j'en fus effrayé. Je volai chez quelqu'un un paquet de farine au blé complet (je buvais, je fumais et je me droguais, mais je tenais à manger des céréales complètes, parce que c'était plus sain !). L'étiquette collée sur le paquet indiquait un dollar dix-neuf. De retour chez moi, je découvris que des amis étaient entrés et avaient entièrement vidé la bouteille de jus de fruit que je venais d'acheter. À côté, posé sur la table, le couvercle indiquait le prix : un dollar dix-neuf !

« Alors ça, c'est étrange ! me dis-je. Quelqu'un là-haut me voit et sait tout ce que je fais ! » Pour la première fois de ma vie, je crus sincèrement que Dieu existait ! Lorsque

Brad m'invita à venir à l'une de ses réunions quelques jours plus tard, j'acceptai aussitôt.

Pendant les semaines qui suivirent, je m'y rendis plusieurs fois. Je ne comprenais pas bien ce qu'on y disait, mais chaque fois je rentrais chez moi les bras un peu plus chargés de livres et le portefeuille un peu moins gonflé.

Un soir, je lisais le journal, quand un cri perçant et des bruits de pas martelant le hall me dressèrent sur mes pieds. J'entrouvris la porte et aperçus Sugarman, un maquereau noir qui vivait au même étage que moi, frappant l'une de ses filles. Elle s'échappa de sa poigne et s'enfuit en courant. Il lui lança un balai avec violence et je refermai la porte. « J'espère qu'il ne la tuera pas », pensai-je en m'enfonçant de nouveau dans mon fauteuil.

Les bagarres et les coups de couteau étaient courants dans cette maison de passe mal famée, mais je ne parvenais pas à m'y habituer. Je fis tomber la cendre de ma cigarette. « Qu'est-ce que je fais dans ce trou, à partager mes toilettes avec ces affreux jojos ? Je ne peux même pas dormir la nuit à cause des fêtards et du bruit. J'en ai marre de cette chambre et de cette vie ! »

Le téléphone sonna. Je décrochai. « Salut, Doug. C'est papa ! dit la voix à l'autre bout du fil. Je suis monté à New York pour des affaires et je me suis arrêté pour te dire bonjour. » J'avais du plaisir à entendre sa voix ; elle paraissait joyeuse. « Est-il possible de se voir pendant une heure ou deux ? Qu'en penses-tu ?

— Bien sûr, papa. Je peux t'inviter à dîner ? » lui demandai-je. Je voulais qu'il soit clair que je gagnais ma vie.

« Bon, c'est moi qui pensais t'inviter, mais après tout pourquoi pas ? Indique-moi où te retrouver. »

Je connaissais des restaurants chics à Boston et comme je voulais l'impressionner, je citai le plus cher de ma liste et lui indiquait l'adresse. J'arrivai avant lui et attendis dehors. Un taxi se gara peu après et mon père en descendit. Un sentiment de bonheur m'envahit et j'eus envie de courir vers lui et de le serrer dans mes bras, mais, dans ma famille, on ne se livrait pas à ce genre de démonstration.

Nous nous contentâmes de nous sourire et d'échanger une poignée de main. Dans le restaurant, le serveur nous montra nos places et nous bavardâmes un moment. Après nos commandes, mon père me confia le but de sa visite. « Doug, j'ai l'impression de t'avoir laissé tomber et je le regrette. Me donneras-tu une nouvelle chance ? »

Des larmes me montèrent presque aux yeux à la suite de cette confession inattendue. J'hésitai. « Où veux-tu en venir ? demandai-je prudemment.

— C'est au sujet de ton éducation, dit-il. Tu devrais être à l'école. Tu n'as que seize ans, tu sais. »

Je sentis la colère monter en moi. « Mais papa, je me débrouille très bien tout seul ! » Je tirai de ma poche un gros paquet de billets que je lui montrai. Il ne se laissa pas impressionner. « Tu sais en tout cas ce que je pense de l'école ! » ajoutai-je. Il leva la main d'un geste apaisant. « Attend une minute, Doug. Écoute-moi. L'un de mes amis m'a parlé d'un bateau-école. C'est un voilier qui fait le tour du monde. L'équipage est constitué par les élèves. Les cours ont lieu à bord du bateau, qui s'arrête dans des endroits vraiment exotiques. Tu pourras aller et venir comme il te plaira et faire toutes sortes de choses. Tu feras de la plongée sous-marine et du ski nautique et il y a plein de filles. L'année scolaire vient de commencer et le bateau est actuellement quelque part en Méditerranée. »

C'était trop beau pour être vrai. « Comment s'appelle cette école ? demandai-je en essayant de ne pas avoir l'air trop intéressé.

— The Flint School Abroad, répondit-il.

— Je ne sais pas trop. » J'hésitais. Nous sommes restés assis en silence un long moment. J'ignorais si j'étais encore capable de m'intégrer à un programme structuré et de recevoir des ordres. Cependant, l'école me plaisait et franchement, j'en avais assez de me débattre tout seul. Finalement, je lâchai : « Peut-être vais-je essayer. »

Mon père eut l'air soulagé et je vis ses yeux se mouiller de larmes. Cela me fit plaisir. Si seulement j'avais pu deviner ce qui m'attendait !

Chapitre 7

En mer

Mon père décommanda tous ses rendez-vous d'affaires pour m'accompagner jusqu'à Gênes, en Italie, où l'école était à quai. Nous appréciâmes beaucoup ce moment passé ensemble dans l'avion et je constatai qu'il se souciait réellement de moi. Il me tapota même dans le dos tandis que nous montions ensemble sur le bateau. Après m'avoir aidé à m'inscrire et à porter mes bagages, il me serra la main très fort et me dit au revoir. «Bonne chance, mon fils. Travaille bien et à Noël!

— OK, papa», répondis-je. Après son départ, je rangeai mes affaires et je partis explorer le bateau.

Il ne me fallut pas longtemps pour jauger le type d'enfants qui fréquentaient l'école. Un grand nombre d'entre eux étaient des fils de sénateurs et de politiciens qui, comme moi, se comportaient en sauvages, incapables de supporter une contrainte et constituant une menace pour la réputation de leur père. Loins de leur pays d'origine, personne n'entendrait parler d'eux. D'autres étaient des délinquants, fils de parents fortunés qui ne voulaient pas s'embarrasser des problèmes de leurs jeunes. Ils se déchargeaient sur l'école de leurs responsabilités. Plusieurs garçons m'accostèrent ainsi les premiers jours : «Tu as de la drogue?»

Ce qu'on avait dit à mon père sur cette école n'était qu'en partie vrai. En un sens, nous étions prisonniers. Nous ne pouvions nous lier avec des filles et, bien sûr, nous n'avions pas le droit de boire, fumer ou prendre de la drogue. On nous gardait nos passeports quand nous allions à terre. Dans un pays comme l'Italie, la police vous enfermait et jetait ensuite la clef si elle vous trouvait sans passeport, aussi n'osions-nous rien tenter qui attirât l'attention. Je ne fis jamais de plongée sous-marine, ni de ski nautique, ni aucun sport tout le temps que je fus dans cette école.

En sciences, le programme de l'école se basait sur la théorie de l'évolution et ceux qui croyaient à la création étaient ridiculisés et traités d'idiots. Les films projetés en classe traitaient Darwin en héros. « Dieu n'existe pas, disait le professeur. On est tout seul pour s'en sortir. Si vous devez marcher sur quelqu'un pour atteindre votre but, faites-le. Sinon, quelqu'un d'autre le fera à votre place. »

Cette froide philosophie me donna plus que jamais un sentiment de solitude et d'abandon. J'étais toujours en recherche de Dieu au travers des religions orientales comme celle de Shakti et, comme j'estimais que personne n'avait à me dire quelles devaient être mes croyances, je passai de plus en plus de temps dans ma chambre à méditer et à jouer de la flûte à bec. Mes camarades se moquaient de moi, mais je les laissais dire.

Tous les élèves venaient de foyers aisés, mais on ne l'aurait jamais deviné à la nourriture qu'on nous donnait. Les desserts étaient si rares que nous considérions les barres de Mars comme un régal particulier, si bien que celles-ci devinrent une monnaie d'échange entre nous. Il fallait payer deux mille cinq cents lires italiennes pour une barre, c'est-à-dire le double des États-Unis.

Un jour, un garçon nommé Éric me rendit visite à ma cabine. « Dommage que nous n'ayons pas de LSD, Doug, me dit-il. Je donnerais cher pour un peu de windowpane.

— Désolé, je n'en ai pas », répondis-je. Mais après son départ, mon esprit se mit au travail. Le LSD était appelé windowpane parce qu'on l'obtenait sous forme de petits carrés transparents de trois millimètres de côté environ. Je sortis de mon portefeuille un porte-cartes en plastique transparent et en découpai deux carrés minuscules. Le produit fini ressemblait à deux doses de windowpane.

Quand je vis Éric, je lui annonçai : « Tu ne vas pas le croire, mais je viens de retrouver deux doses de windowpane. » Ses yeux brillèrent. « Super ! s'exclama-t-il avec enthousiasme. Tu m'en vends un ? Combien ?

— Deux barres de Mars par dose, lui répondis-je.

— Marché conclu, dit-il. J'en ai dans l'armoire.

— Attends une seconde, Eric. Je ne sais pas s'il est encore bon. Cela fait longtemps que je l'ai dans mon portefeuille (ce qui était vrai, bien sûr)!

— Ça ira!» Il balaya ma remarque de la main. «Je vais tenter ma chance.»

Nous procédâmes à l'échange et je tournai les talons en prévenant : «Au fait, il faut l'avaler. Celui-là ne fond pas dans la bouche.» Et, souriant de toutes mes dents, je retournai dans ma cabine et m'assis au bord du lit. Je déchirai le papier du premier Mars et en croquai un gros bout. Je mâchai lentement, en savourant le chocolat qui s'effritait en fondant dans ma bouche. «Mmm! Il n'en restera rien quand il s'apercevra qu'il a avalé un morceau de mon portefeuille», me dis-je en riant sous cape.

Même si je m'étais seulement montré plus futé que lui, un sentiment de culpabilité m'assaillait. «Oh, bon! raisonnai-je en moi-même. Il aurait agi de même avec moi s'il y avait pensé.» Je me raidis le lendemain matin quand il apparut à ma porte. «Voilà, ça va être ma fête», pensai-je.

Il referma la porte derrière lui, mais il n'avait pas l'air fâché. Il souriait même. «Tu sais, ce windowpane, commença-t-il avec enthousiasme, eh bien, au début il ne s'est rien passé et je me suis endormi. Puis je me suis réveillé dans la nuit et, bon sang, quel trip! J'ai eu des hallucinations toute la nuit!» Il roulait des yeux en s'appuyant sur la porte. Je restai bouche bée. «Ah bon, ça alors, qui aurait dit!» marmonnai-je. Par la suite, quand je découvris le passage biblique : «Dieu a donné à chaque être humain une mesure de foi» (Romains 12.3), je pensai à Éric. Il avait vraiment eu «foi» dans ce petit morceau de plastique!

J'avais entendu dire qu'il n'y avait pas d'athée dans les tranchées, mais je découvris bientôt qu'il n'y en a pas non plus en mer par temps de tempête. Un soir, nous glissions le long d'une belle falaise non loin de la côte de la Sardaigne, quand, en quelques heures, la brise se transforma en un vent furieux et les petites vagues courtes en montagnes d'eau de huit à dix mètres de haut. La proue du voilier s'élevait pour rencontrer les grandes lames et plongeait ensuite brutalement dans le creux qui se formait. Le tangage était si violent que les jeunes matelots allaient s'appuyer au bastingage pour rendre leur repas dans la mer. Un grand nombre d'entre eux ne parvint pas jusque-là et le pont fut bientôt jonché d'une saleté glissante, vomie par les pauvres garçons nauséeux.

« Éloignez-vous du bastingage, rugit le capitaine. Si l'un de vous est balayé par-dessus bord, on ne reviendra pas pour lui. Il mourra sous le choc ou de froid avant qu'on ne le retrouve, par une nuit pareille. On mettra seulement une croix sur la carte pour montrer à ses parents où il est mort. » Il bluffait, sans doute, mais nous n'en étions pas sûrs.

La fureur de la tempête augmenta et les lames se brisèrent sur la proue du bateau, déversant des tonnes d'eau sur le pont. Quand le bateau se souleva pour rencontrer la vague suivante, l'eau déferla vers l'arrière, brisant tout sur son passage. En un instant, gilets de sauvetage, boîtes et autres débris dansèrent et tournoyèrent à la surface pour être finalement éjectés dans la mer. Le canot de survie gonflable, mal attaché par une seule corde, sautait dangereusement en tous sens, menaçant d'être lui aussi balayé par l'eau furieuse. « Vite, les gars ! », cria le capitaine à Ralph et à moi-même, les deux seuls qui n'étaient pas en proie au mal de mer. « Consolidez le petit canot avant qu'une autre vague ne le heurte. »

Ralph, dont le père millionnaire vivait en Virginie, était un grand montagnard blond, individualiste à tous crins. Une nouvelle lame nous frappa au moment où nous parvenions au canot, nous envoyant tête la première dedans. Le poids supplémentaire de nos deux corps fit claquer la corde et nous propulsa le long du pont sur trente centimètres d'eau. « Yaouh ! » cria le montagnard tandis que nous glissions à toute vitesse, mais je voyais que nous foncions droit vers le bastingage et mon cœur faillit s'arrêter. Et s'il ne tenait pas ? Il arrêta notre course si brutalement que nous faillîmes passer par-dessus, mais nous le saisîmes et nous nous y accrochâmes désespérément. Nous survécûmes à l'incident et réussîmes à consolider l'attache du canot. Mais avant de pouvoir nous en féliciter, une lame encore plus forte heurta le bateau et la grand-voile se déchira, laissant le voilier dangereusement démuni. Nous risquions de dévier de notre direction et, dans ce cas, dériver sur le côté et être frappés de plein fouet par les vagues.

Tous les élèves, malades ou non, accoururent au bruit de la déchirure. La voile se mit à battre violemment dans les éléments déchaînés. De nombreuses mains furent nécessaires pour la descendre, la détacher et hisser celle de rechange. Il fallut se battre avec les cordes, tandis que le bateau tanguait et que l'eau entraînait nos jambes, risquant de nous submerger, mais nous parvînmes à détacher la voile abîmée. Je voyais des lèvres remuer et je compris que certains de mes camarades athées priaient. Nous réussîmes à attacher la voile de rechange, qui fut prête à être hissée en haut du mât principal. Il fallait que quelqu'un monte jusqu'en haut du mât pour attacher le collier, ou croissant. Sinon, avec le tangage, celui-ci risquait de plonger vers le mât et d'empêcher la voile de glisser librement.

« Nous avons besoin de quelqu'un pour monter sur le croissant, cria le capitaine assez fort pour couvrir le vent. Y a-t-il un volontaire ? » Il regarda autour de lui avec des yeux suppliants. Je n'avais pas peur des hauteurs et je me sentais capable de le faire si personne n'offrait ses services. J'étais resté assez musclé depuis l'époque de l'école militaire. « Je veux bien y aller », proposai-je. Je ne pouvais résister à la tentation d'attirer les regards sur moi.

Je montai sur le croissant et les hommes et les jeunes gens commencèrent à actionner le treuil. Je m'élevai lentement. Quand je fus aux deux tiers de la hauteur, le voilier plongea en avant d'une dizaine de mètres et l'anneau s'enfonça dans le mât et se bloqua. Impossible de me faire monter davantage. Même en tirant de toutes mes forces, je ne pus l'écarter du mât. J'entendais les cordages gémir et crisser tandis que ceux d'en bas continuaient de les enrouler et j'avais peur qu'ils ne cassent.

«Stop! Stop! C'est coincé», criai-je. Je hurlai pendant un bon moment, mais il y avait tellement de jeu dans la voile qu'elle claquait violemment dans le vent en faisant un vacarme assourdissant. Les autres n'étaient qu'à une dizaine de mètres en dessous de moi, mais ils ne m'entendaient pas. Pendant ce temps, le voilier tanguait dangereusement d'un côté et d'autre, et le grand mât décrivait de vastes arcs de cercle, plongeant presque dans les vagues d'un côté, puis me faisant fendre l'air comme une fusée pour me faire toucher l'eau de l'autre côté.

Je savais que si le roulis s'accentuait, je tomberais de ma perche et me noierais. Mon seul espoir était de parvenir à sauter du croissant jusqu'aux cordages, qui allaient du bord du voilier jusqu'au nid de pie. Si j'avais été tout en haut du mât, j'aurais pu passer directement du mât aux cordages, mais comme je n'étais qu'aux deux tiers de la hauteur, le cordage se trouvait à environ un mètre du mât. Mes bras tremblaient d'épuisement à force d'essayer de dégager le croissant et j'étais à bout de forces. Je savais que si je sautais au moment où nous plongions vers la mer, je risquais facilement de manquer les cordages et de tomber tout droit dans l'eau froide, ce qui serait ma fin.

«Oh, mon Dieu! S'il te plaît, sauve-moi, criai-je. Ne permets pas que je meure!» Après avoir jeté un coup d'œil rapide sous moi, je sautai. Dieu soit loué, j'avais bien choisi le moment. J'attrapai les cordages, y glissai les jambes et y restai éperdument accroché. Après une minute de repos, je redescendis. Le capitaine avait fini par découvrir ce qui se passait et avait baissé la voile. Mes bras et mes jambes tremblaient encore tandis que je l'observais.

«Veux-tu essayer une nouvelle fois?» demanda-t-il.

— Sûrement pas! déclarai-je. Je retourne dans ma cabine.» Je regagnai péniblement ma chambre en enjambant les débris qui encombraient le passage. J'entendais les gémissements et les haut-le-cœur de mes camarades dans leurs cabines. Une puanteur de fuel et de vomi me saisit à la gorge au moment où j'atteignis ma porte. Je remarquai à peine le désordre dans lequel la tempête avait mis ma chambre. Je m'effondrai sur la couchette en me tenant aux montants. « J'ai de la chance d'être encore vivant ! » pensai-je. Je me demandai, tandis que je gisais là, combien de prières et de promesses étaient montées vers Dieu cette nuit-là. Je me demandai aussi combien de ceux qui avaient prié changeraient réellement de vie si nous sortions vivants de cette tempête.

Nous nous en tirâmes. Lorsque nous naviguâmes de nouveau sur des eaux paisibles, la vie reprit son cours normal. Tout le monde se comporta comme si rien n'était arrivé. Prières et promesses furent oubliées. J'appris ce jour-là pourquoi Dieu ne nous discipline pas par la peur. Quand le danger s'éloigne, les gens retrouvent généralement leurs vieilles habitudes.

Étant arrivé en cours de trimestre à l'école, les tours de garde avaient déjà été assignés et mon nom ne fut jamais inscrit sur le tableau sous cette rubrique. D'autres tâches me furent confiées, cependant, incluant le brossage du pont, la vaisselle et autres corvées que je haïssais. Je finis par me rebeller et refuser d'aller en classe et d'accomplir une tâche ou de suivre un programme quels qu'ils fussent. Je passais mon temps dans ma cabine à méditer. Le capitaine ne tarda pas à venir cogner à ma porte.

« C'est ouvert ! » criai-je. Il s'élança furieusement à l'intérieur et se mit à tempêter et à pester après moi. « Que signifie cette conduite, Batchelor ? On ne te voit pas en classe. Tu ne fais pas les corvées. Tu ne fais rien de ce que tu es sensé faire. Tu ne sais donc pas que tu dois suivre le règlement comme les autres ?

— Pourquoi ? demandai-je d'un ton provocant. Je déteste cet endroit. Je n'ai pas demandé à venir ici et je ne serai l'esclave de personne ! » Je n'étais pas intimidé par sa colère. J'avais obtenu une médaille d'or à la lutte et j'avais l'habitude de me battre. Je n'avais jamais perdu un match.

Quand il vit qu'il ne parviendrait pas à me faire peur, il changea de tactique. « Entendu, Batchelor, si tu ne travailles pas, tu ne manges pas non plus ! » tonna-t-il. Il tourna les talons et partit furieux. Après avoir réfléchi, je persuadai mes camarades de cabine de m'apporter de la nourriture en cachette et continuai à défier le règlement.

Les autres élèves commencèrent à se révolter aussi. « Pourquoi dois-je être de quart ? Batchelor n'y va pas. » « Pourquoi dois-je frotter le pont ? Batchelor ne le fait pas. » Le capitaine n'avait pas de réponse à leur donner. À bout de ressources, il revint me voir.

« Batchelor, que dois-je faire pour que tu te comportes correctement ? Tu es en train de détruire le bon fonctionnement de cette école. Ton insubordination est contagieuse. » Il me regardait d'un air implorant.

« Je ne sais pas, dis-je en haussant les épaules. Faites-moi une proposition.

— J'ai une idée. Si tu assistes aux cours et acceptes de coopérer pendant les semaines suivantes, je dirai à ton père que tout s'est bien passé et je te laisserai partir pour Noël. »

Je poussai un profond soupir et réfléchis pendant une minute. « Marché conclu. »

Il savait que si je quittais le voilier, je ne reviendrais jamais. Nous le savions tous deux, mais nous n'en avons pas parlé. Bien sûr, la première chose que je fis, dans l'avion qui me ramenait à la maison pour Noël, fut de commander une bière et un paquet de cigarettes. Et tandis que les autres élèves me regardaient d'un air horrifié, je leur dis : « Vous ne me reverrez jamais ! » et c'est ce qui arriva.

Mon père fut tellement content d'apprendre la fausse nouvelle de ma bonne conduite que je n'eus pas le cœur de tout gâcher en lui disant la vérité. Je participai aux festivités de Noël et j'essayai d'oublier l'école. Mais quand fut venu le moment d'y retourner, je repartis sur les routes.

Chapitre 8

Sur la route

«Oh, non! Encore un!» soupirai-je en serrant ma veste légère plus près du corps. Un énorme semi-remorque rouge et argent me dépassa avec fracas. Je comptai : «Un, deux, trois!» et fis rapidement demi-tour, présentant mon dos au vent glacé. Une rafale me frappa le cou en sifflant et je frissonnai pour la centième fois. Je jetai un coup d'œil à ma montre et me remis à marcher. J'avais plus chaud en marchant qu'en restant immobile à faire du stop.

«Cela fait presque huit heures que je suis dans ce misérable endroit et on dirait qu'il va reneiger,» marmonnai-je en traînant mes pieds engourdis de froid le long de la route Interstate 40, aux abords d'une petite ville de l'Oklahoma. Mon estomac gronda, mais je l'ignorai et, levant le pouce, je me tournai vers la Cadillac bleue qui approchait. Le conducteur ne me lança même pas un regard. J'enfouis à nouveau mes mains dans les poches et recommençai à marcher. De sombres pensées se pressaient dans ma tête douloureuse. J'avais du mal à croire que, la veille seulement, je me trouvais en Virginie dans une salle de jeux bien chaude, buvant, jouant au billard avec des amis et faisant des paris stupides. Plus je buvais et plus je jouais. Je n'avais pas tardé à perdre tout mon argent. Je me détestais. «Mais pourquoi n'ai-je pas gardé de l'argent pour manger? Quel idiot j'ai été!» Oserais-je m'adresser à Dieu? Je n'avais guère l'habitude de prier, mais je savais que Dieu savait lire dans les pensées, aussi priai-je du fond du cœur.

«Mon Dieu, j'ai agi de façon insensée. Pardonne-moi pour tous ceux que j'ai blessés. S'il te plaît, envoie-moi une voiture, quelque chose à manger et de l'argent. Et puis, pendant que tu y es, envoie-moi quelqu'un qui se rend directement en Californie, un type normal. »

La première fois que j'avais fait du stop, je n'avais que cinq ans. Depuis, j'avais fait de bien étranges expériences. Une fois, un conducteur qui fumait de la marijuana s'engagea du mauvais côté de la route, faisant face à la circulation. Une autre fois, un couple ivre roula en faisant des embardées sur toute la largeur de la voie. Je finis par leur dire : « C'est là que je descends, je suis arrivé », même si ce n'était pas vrai. Je voulais en sortir vivant ! Un jour, un autre couple ivre me fit monter. L'homme voulut nous impressionner, sa petite amie et moi, en éteignant ses lumières pour nous montrer qu'il pouvait conduire dans le noir. J'ai eu affaire à des homosexuels qui me proposaient un marché. Je me suis aussi retrouvé sans le savoir à côté d'un criminel. La police l'a obligé à s'arrêter, lui a passé les menottes et l'a embarqué, me laissant à côté d'une voiture vide et sans clef de contact. C'est pourquoi, puisque je demandais l'aide de Dieu, autant qu'il m'envoie quelqu'un de normal. À peine avais-je terminé ma prière qu'une camionnette blanche se gara à ma hauteur. « Où allez-vous ? me demanda joyeusement le conducteur.

— En Californie, lui répondis-je.

— Dieu soit loué ! C'est ma destination. Montez ! » m'invita-t-il. « Oh, non ! Je suis tombé sur un “toqué” de Jésus ! » pensai-je. Mais je montai avec gratitude sur le siège à côté de lui et nous partîmes. J'étais si content d'avoir trouvé une voiture que j'avais oublié ma prière. Je ne m'en souvins que beaucoup plus tard.

Après quelques remarques sur le temps froid, mon bienfaiteur me jeta un coup d'œil. « Je parie que vous avez rendu visite à quelqu'un pour Noël et que vous rentrez chez vous, commença-t-il.

— Non. J'ai vécu en Floride et maintenant je vais vivre en Californie, avançai-je évasivement. Et vous ? » Je n'étais pas prêt à discuter de mes projets avec un étranger.

« Je vais rejoindre un ami en Californie du Sud. Mais, dites-moi, et il quitta la route du regard pour plonger ses yeux droit dans les miens. Êtes-vous chrétien ? » Sa question me surprit. Je me croyais très religieux. J'étais capable de parler de Dieu, de méditation, de réincarnation, du Nouvel Age et de tout ce qui touchait à la spiritualité. Ni la transmigration des âmes, ni la lévitation n'avaient de secret pour moi et j'avais étudié de nombreuses religions orientales. Mais quand il me demanda si j'étais chrétien, je ne sus que dire. Me demandait-il si j'avais foi dans la Bible, ou bien si je croyais à l'importance d'aimer son prochain ? Presque toutes les religions enseignaient l'amour d'autrui. Voyant mon étonnement, il précisa : « Croyez-vous en Jésus-Christ ? »

Je ne sus pas davantage répondre. J'ignorais si l'histoire de Jésus était une fable, une supercherie, un conte de fées, ou s'il avait simplement été un merveilleux enseignant. Nous nous sommes rapidement retrouvés en grande conversation sur Jésus, la Bible et la religion. Mon chauffeur prêcha ainsi jusqu'en Californie ! Dans le Colorado, les routes étaient verglacées. Autour de nous, les voitures glissaient hors de la route. Mon bienfaiteur était loin d'être aussi effrayé que moi. Il se contentait de prier, à voix haute, tout en roulant avec précaution. Nous glissions aussi, mais sans jamais quitter la route. J'étais impressionné !

Il paya tous nos repas et nos chambres en motel. Par la suite, il prit un autre auto-stoppeur, un jeune homme qui se révéla être chrétien. Je me sentis un peu en dehors de leur conversation. Notre conducteur lui donna 300 dollars au moment où il descendit !

En approchant de la Californie, mon chauffeur me demanda : « Dans quelle région de la Californie allez-vous ? » Même si je n'avais pas apprécié sa « prédication », j'éprouvais pour cet homme, qui s'était montré un véritable ami, un sentiment chaleureux. Je crois que je le surpris en lui répondant : « Je me rends près de Palm Springs. J'ai l'intention de vivre dans une grotte dans les montagnes de San Jacinto. »

Je regardais droit devant moi, pourtant je sentis ses sourcils se lever : « Avec qui allez-vous vivre ?

— Avec personne. Je veux vivre tout seul, annonçai-je presque sur un ton de défi.

— Je ne comprends pas. Vous n'avez certainement pas plus de dix-sept ans. » Il ne semblait pas me juger, mais seulement être poussé par la curiosité.

« J'ai seize ans, déclarai-je. De toute façon, cela fait des années que je me débrouille tout seul. Il n'y aura pas de problème. »

Il m'emmena jusqu'au pied du canyon et me tendit quarante dollars. Tandis qu'il démarrait, je me rendis compte que Dieu venait de me donner les quatre choses pour lesquelles j'avais prié dans l'Oklahoma : une voiture pour la Californie, de la nourriture, de l'argent… Enfin, presque quatre choses : je n'étais pas certain, après tout, que ce type était tout à fait normal !

Chapitre 9

Les Arabes arrivent !

Avant d'entreprendre la randonnée jusqu'à la grotte, je m'arrêtai pour faire des achats avec une partie des quarante dollars que j'avais reçus de mon gentil chauffeur. Mais je n'avais guère la notion de ce qui était nécessaire pour vivre dans une grotte. J'achetai des boîtes de conserve et de la viande, ce qui pesait lourd dans un sac à dos. Après avoir rangé soigneusement mes achats, je soulevai mon sac et glissai non sans mal mes bras dans les courroies. Je ne tardai pas à trouver la piste et laissai la ville derrière moi.

Me souvenant combien le sentier m'avait paru raide un an plus tôt, je marchai lentement. Nous n'étions que début janvier, mais le soleil du désert tapait fort et je ne tardai pas à m'arrêter. Je posai mon sac sur le sol, retirai ma veste et l'enfouis dedans. Après un court repos, j'ajustai à nouveau ma charge sur les épaules et repris le sentier. J'avais décidé de mettre la plus grande distance possible entre moi et les autres. J'irais jusqu'à la troisième vallée.

Je me souvenais combien j'avais eu du mal à ne pas me laisser distancer par Jim et Sunny. Ce n'était rien comparé à aujourd'hui. Même sans veste, je ruisselais de sueur comme dans un sauna. J'avais mal partout et le souffle court. Le poids du sac à dos tirant sur les courroies me coupait la circulation et je commençais à avoir mal à la tête.

J'avais l'impression d'être une petite fourmi grimpant laborieusement sur de gros rochers nus. Je me trompais parfois de tournant et marchais longtemps avant de m'en rendre compte. Je n'avais fait ce chemin qu'une fois, il y avait près d'un an. Une heure passa lentement, puis deux. Je commençais à me demander si je n'allais pas mourir de fatigue. Je finis par m'arrêter en haut de la grande crête. En regardant vers le bas, j'aperçus Palm Springs d'un côté, à mille mètres environ en dessous de moi, et la troisième vallée à cinq cents mètres de l'autre côté. En observant celle-ci, un gros rocher gris attira mon attention. Niché dans les arbres, il se trouvait pratiquement tout seul, à part un rocher plus petit derrière lui. Au-delà de ce dernier, les flancs de la montagne se dressaient comme un mur. De l'endroit où je me trouvais, il me semblait voir un ruisseau couler juste à côté du gros rocher. Je décidai d'aller voir. Avec une énergie nouvelle, je descendis vers la vallée à grandes enjambées maladroites.

Quand j'atteignis le bas de la vallée, j'aperçus à gauche le sommet du grand rocher. Il me fallut dix minutes pour y parvenir. Je franchis tant bien que mal un gros tronc d'arbre gisant parmi des blocs de pierre et vis le rocher à quelques mètres de moi. J'eus le souffle coupé ! À sa base s'ouvrait une grotte, semblable à une coupe retournée. L'entrée, une arche peu marquée d'environ dix mètres de large, béait sur le devant, laissant le soleil inonder l'intérieur. Le ruisseau descendait du canyon à droite de la grotte et se jetait sur une grosse pierre lisse, pour retomber dans un petit lac vert émeraude d'environ dix mètres de diamètre et trois mètres de profondeur. Des érables sycomores et des lauriers poussaient en abondance tout autour. À gauche se trouvait une étendue d'herbe non pentue, fermée par des fourrés. Je marchai lentement vers la grotte, m'imprégnant de la beauté du lieu.

Je déposai mon sac à dos par terre et entrai avec précaution. On ne voyait pas de traces attestant une occupation récente, mais le plafond noirci par la fumée indiquait que je n'étais pas le premier. Le rocher faisait une saillie dans l'un des murs, formant une étagère basse sur laquelle se trouvait un livre noir recouvert d'une épaisse couche de poussière. Je le ramassai et soufflai sur la poussière. La Sainte Bible, lisait-on. Je la reposai sans l'ouvrir. « Ici, quelqu'un a également été à la recherche de Dieu, pensai-je. Mais cette Bible n'a pas été d'un grand secours, sinon on ne l'aurait pas laissée là.» Sur la gauche, derrière une grosse pierre, je découvris une autre ouverture, beaucoup plus basse. Je m'agenouillai et rampai pour me retrouver un instant plus tard debout dans une pièce au plafond bas. De l'entrée, filtrait un peu de lumière. On s'y sentait bien, comme à l'intérieur d'un repaire d'ours. «Quel endroit idéal pour dormir!» pensai-je.

J'avais hâte de m'installer. Je voulais prendre possession de ce petit paradis tout de suite! Je retournai dehors, ramassai mon sac à dos et le portai dans la première pièce. Je sortis mes boîtes de conserve et les plaçai sur un repli du rocher, à l'extrémité duquel je posai une serviette soigneusement pliée et un morceau de savon. Puis, je pris mon sac de couchage et mes vêtements et rampai dans la «chambre à coucher». Je pliai mes habits, les posai en tas contre le mur et déroulai mon sac de couchage sur le sol. La chambre et la cuisine étant prêtes, je sortis un hamac de mon sac à dos et l'attachai entre deux sycomores, au-delà du petit lac.

L'ombre gagnait déjà le bas de la vallée entre les escarpements majestueux du canyon. L'idée de passer la nuit seul dans cet endroit désert me rendait un peu nerveux. Et que se passerait-il si des couguars ou des coyotes venaient se désaltérer au point d'eau? Mieux valait allumer un feu. Les animaux sauvages avaient peur du feu, en tout cas je l'imaginais. Je trouvai des pierres bien lisses et les déposai en cercle au centre de la grotte, puis allai chercher du bois. Je ne m'arrêtai pas avant d'en avoir déposé plusieurs brassées en tas à côté de mon foyer. Je me reculai alors et contemplai ma nouvelle demeure. «Maintenant, je suis prêt!» dis-je. J'avais mis autant de soin à ranger la grotte que ma chambre à l'école militaire avant l'inspection!

Les semaines suivantes furent beaucoup plus remplies que je ne l'aurais imaginé. La cuisine et la vaisselle me prirent une bonne partie de mes matinées. Un vieil ami de Palm Springs me montra comment fabriquer un fourneau à l'aide d'une grande marmite fermée par un couvercle. Je commençais la journée en confectionnant du pain à la banane pour mon petit déjeuner. J'avais de la vaisselle à faire et de la nourriture à protéger des petits rongeurs. Je me fis un tampon à récurer en roulant en boule de l'herbe qui poussait le long du ruisseau. Il était aussi efficace que celui du magasin. Je rendis également mon petit lac plus profond d'un demi-mètre en aménageant une digue à l'endroit où l'eau s'écoulait.

Il y avait toujours quelque chose à faire. À l'aide de bûches et de pierres, je fabriquai un fauteuil, dossier et bras compris, et le recouvris de couvertures. Je pouvais y rester confortablement assis pendant des heures. En été, je retirai mes vêtements et restai nu. Au début, la peau de mes pieds était sensible et les pierres pointues de la grotte les blessaient, aussi les retirai-je. Puis je transportai des seaux entiers de sable ramassés près de l'eau et me fis un plancher doux et lisse, agréable sous les doigts de pieds.

Je fabriquai également un piège. J'attrapai un écureuil que je cuisinai et mangeai. Avec la peau, je confectionnai un sac. Je tuai également un gros serpent à sonnette, que j'essayai de manger. Il n'y avait pratiquement que des os, alors je n'en mangeai pas beaucoup, mais, avec la peau, je fis un étui pour mon couteau.

Je n'avais guère l'occasion de gagner de l'argent pour acheter ce qui me manquait, mais je fabriquai des pipes, ce qui me donna un peu de monnaie. Je les vendais à une boutique underground à Palm Springs. Ce type de magasin vendait des pipes à marijuana et des objets psychédéliques utilisés par les drogués. Au début, je me rendais en ville deux fois par semaine pour faire mes courses, puis mes habitudes alimentaires changèrent, au fur et à mesure que je m'adaptai à mon nouveau mode de vie. Une fois par semaine devint suffisant. Je découvris les aliments secs tels que le riz, les spaghettis, les haricots et la farine.

La cuisson du riz et des spaghettis ne me posa aucun problème. Ils étaient toujours tendres après avoir bouilli quinze ou vingt minutes. Mais j'eus beaucoup de mal avec les haricots secs ! La première fois, j'essayai de les cuire en un quart d'heure, mais ils restèrent aussi durs que des cailloux. Je les mangeai néanmoins et ils me rendirent malade. La fois suivante, je doublai le temps de cuisson, mais le résultat ne fut guère meilleur. Quand, après une heure de cuisson, je les trouvai encore craquants sous la dent, je me demandai si le problème ne venait pas des haricots eux-mêmes. Quand j'en parlai à un ami, il rit et conseilla : « Il faut les laisser toute la journée sur ton feu, à cause de l'altitude ! »

Être mis en valeur et découvrir de nouvelles façons de m'élever avait été le seul but de ma vie, mais, maintenant, je me mettais à la recherche de Dieu. Un jour, je lus un livre sur la manière dont les Indiens d'Amérique recherchaient Dieu à l'aide de plantes hallucinatoires et j'eus hâte de les essayer moi-même. L'une des plantes mentionnées dans le livre, la stramoine, poussait à quelques mètres de la grotte. J'en ramassai quelques feuilles et les séchai, puis m'en roulai une cigarette. Mais rien ne se passa. Après avoir fumé, j'eus la bouche sèche pour tout résultat de mes efforts. Alors je fis une infusion de feuilles, mais, là encore, je n'obtins rien d'autre qu'une légère déshydratation.

Un jour où j'étais en ville pour acheter des provisions, je tombai sur un hippy que je connaissais, appelé Brad. Après avoir bavardé un moment avec lui, je sortis une feuille de ma poche et la lui montrai. « Tu connais ? » lui demandai-je. Il la prit, l'écrasa entre ses doigts et la renifla. « Bien sûr ! dit-il. C'est de la stramoine. Les Indiens en prennent, ça fait partie de leur religion, ou un truc comme ça. C'est très fort.

— Pas du tout, répliquai-je. Je l'ai essayé. J'en ai fumé des feuilles et j'en ai fait du thé, mais il ne s'est rien passé. Ça ne marche pas. » Brad éclata de rire. « C'est parce que tu ne sais pas comment t'y prendre, mon vieux. Un de ces jours, je viendrai te voir et je te montrerai. » Il était venu plusieurs fois à la grotte le week-end.

Quelques jours plus tard, Brad, son frère Steve et un autre jeune fugueur nommé Mark apparurent devant ma grotte. « Tu es prêt à faire un voyage ? » me demanda-t-il après m'avoir présenté ses compagnons. « Quand tu veux », répondis-je. Il avait apporté avec lui un paquet de la fameuse plante et me montra comment faire du thé fort avec les racines. Il nous versa à chacun une tasse, mais Steve refusa. « Je préfère observer », objecta-t-il.

Nous nous assîmes par terre dans la grotte et commençâmes à boire. « Berk ! Je n'ai jamais goûté quelque chose d'aussi amer ! dis-je.

— C'est bon signe ! répliqua Brad en riant. On va faire un bon voyage. » Nous attendîmes un moment, mais rien ne se produisit.

« Tu vois bien ! Je t'avais dit que ça ne marchait pas.

— Si, m'assura Brad, attend un peu que ça agisse.

— Allons prendre un bain de soleil au bord de l'eau », suggérai-je. Ils approuvèrent tous et nous fûmes bientôt allongés au soleil. Mais quelques minutes plus tard, je me sentis bizarre. « Je vais me coucher », dis-je. Je remarquai que mon lacet de chaussure était défait et cherchai à le lacer, sans réussir à bouger les doigts. J'abandonnai, trébuchai jusqu'à la grotte, vomis et m'évanouis sur le sol.

Quand je me réveillai, il faisait nuit dehors. J'allumai une bougie. Je remarquai d'abord un distributeur de Coca-Cola dans la grotte. « Parfait ! me dis-je. J'ai la bouche sèche et j'ai vraiment besoin de boire. » Une voix m'interrompit.

« Où vas-tu comme ça, Doug ? Viens ici, viens ici ! » Je me retournai et vis ma grand-mère debout près d'un camion gris. « Monte dans le camion, monte dans le camion ! » m'ordonna-t-elle d'une voix stridente. J'essayai d'ouvrir la porte du camion, mais il se transforma en rocher. Ensuite, je me retrouvai à flanc de montagne entouré de Pygmées qui venaient vers moi armés d'arcs et de flèches. Je m'efforçai d'escalader la montagne le plus vite possible.

« Au secours ! Au secours ! » hurlai-je en me débattant pour rejoindre mes amis à la grotte. « À l'aide ! Ils vont me tuer ! » Quand je parvins enfin à la grotte, je trouvai mes amis morts, leur corps flottant sur l'eau (en réalité, ils étaient à Palm Springs, à des kilomètres de là).

Le soleil s'était couché, mais la lune était haute et je voyais des silhouettes accroupies, prêtes à sauter sur moi.

Je hurlai, leur lançai des coups de pied et dévalai la montagne. Les silhouettes accroupies étaient en réalité des cactus. Il est facile de deviner comment je m'en rendis compte!

Au lieu de rester sur le sentier, je coupai directement vers Palm Springs. J'ignore comment je ne me suis pas tué. Sans doute Dieu veillait-il sur moi aussi à cette époque. La pente était très raide, mais j'avais tant d'adrénaline dans les veines que je descendais à grandes enjambées. J'avais l'impression de franchir dix mètres à chaque pas. Je ne saurais jamais si c'était vraiment le cas. Je jetai un coup d'œil par-dessus mon épaule et vis des tanks descendre avec fracas la montagne dans ma direction. Une armée d'Arabes les suivait, portant des fusils. Tout avait l'air tellement réel! Jamais de ma vie je n'avais eu si peur.

Il était plus de deux heures du matin quand j'atteignis enfin le bas de la montagne près de Palm Springs. J'aperçus au loin de la lumière venant d'un café et courus vers elle. Le café était fermé, mais j'entendis des voix à l'intérieur. «Ouvrez-moi! Ouvrez-moi!» hurlai-je en frappant du poing sur la porte. «Ils sont après moi! Ils veulent me tuer!»

La porte s'ouvrit. Deux noirs ébahis me tirèrent à l'intérieur et refermèrent le verrou. «Je n'ai vu personne, me dit l'un d'eux. Qui veut vous tuer?

— Où est le téléphone? Il faut que j'appelle la police!» haletai-je, ignorant la question qui m'était posée. Ils me désignèrent tous deux un téléphone payant à l'extrémité du comptoir. Je composai le numéro de police-secours et une voix me répondit aussitôt.

«Je m'appelle Doug Batchelor! hurlai-je dans le répondeur. J'habite une grotte dans la montagne et je suis poursuivi par des Arabes. Ils ont déjà tué mes amis!»

La voix, à l'autre bout du fil, resta un court instant silencieuse. «Où êtes-vous? me demanda-t-elle.

— Dans un café. Attendez, je vais demander», dis-je. Je me tournai vers les deux hommes qui se tenaient près de moi, m'observant avec inquiétude. «C'est où, ici?» demandai-je. Tous deux me donnèrent aussitôt l'adresse et je la répétai à l'homme à l'autre bout du fil.

« Nous arrivons tout de suite », dit-il. Environ deux minutes plus tard, une voiture de police s'arrêtait devant le café en faisant crisser ses pneus. Deux policiers sautèrent à terre et se hâtèrent à l'intérieur. Je vins à leur rencontre, les yeux exorbités. L'un deux se planta devant moi, renifla mon haleine et braqua la lumière d'une torche électrique dans mes yeux. « Ni marijuana, ni alcool, annonça-t-il à son compagnon. Suis-nous au poste de police », m'ordonna-t-il en ouvrant la porte du café. Il monta sur le siège arrière de la camionnette, tandis que l'autre officier se glissait au volant.

Au poste de police, ils me firent passer par une porte de côté. Une nouvelle fois, ils cherchèrent à découvrir si j'avais pris de la drogue et me fouillèrent, mais rien ne leur indiqua que j'avais pris quelque chose. À part le fait que j'avais l'air complètement terrifié, je paraissais normal. Ils parlèrent à voix basse, mais mon ouïe s'était aiguisée dans la montagne et je compris leurs paroles.

« Qu'en penses-tu ? demanda l'un d'eux d'un ton inquiet. Crois-tu que cela à quelque chose à voir avec l'embargo sur le pétrole ?

— Qui sait ? » répondit l'autre officier. Le sergent ouvrit une porte et appela un troisième policier. « Ceci est top secret, dit-il tout bas. Viens prendre note. » L'homme entra et inséra une feuille de papier dans la machine à écrire. Elle cliqueta avec rapidité tandis que nous parlions. Je n'avais jamais vu quelqu'un taper aussi vite. L'officier n'avait aucun mal à nous suivre. Le sergent se tourna vers moi.

« Dites-nous maintenant exactement ce qui vous est arrivé. » Je laissai de côté l'épisode des Pygmées armés d'arcs et de flèches. Quelque chose me disait que cette histoire ne collait pas vraiment avec le reste. « Je me trouvais dans ma grotte, commençai-je, quand j'ai entendu des coups de fusil. Je suis sorti et j'ai vu des gens à ma recherche.

— Pouvez-vous nous dire à quoi ils ressemblaient ? demanda le sergent.

— Pas très bien.

— N'avez-vous pas dit que c'était des Arabes ? Comment étaient-ils ? Qu'est-ce qui vous fait dire que c'était des Arabes ? interrogea-t-il.

— La lune brillait et j'ai vu leurs turbans et leurs robes. C'était bien des Arabes. »

L'autre policier intervint, parlant rapidement à voix basse. Mais, cette fois encore, je n'eus pas de mal à le comprendre. « Les Arabes sont furieux à cause de l'embargo sur le pétrole. Peut-être ont-ils le projet d'attaquer Palm Springs ? » Les trois hommes avaient l'air inquiet. Le président des États-Unis y possédait une demeure et de nombreuses célébrités y vivaient, aussi la police prenait-elle au sérieux toutes les nouvelles.

« Vous nous avez dit qu'ils avaient tué vos amis. Vous tiraient-ils dessus ? s'enquit-il.

— Oh oui. Il y en avait partout. Ils me tiraient dessus et j'ai dévalé la montagne, droit devant moi. » Je leur montrai mes chaussures déchirées et criblées d'épines de cactus. « Ensuite, les gros rochers sont devenus des tanks, qui ont roulé vers Palm Springs. »

Le rythme de la machine à écrire ralentit, avant de s'arrêter tout à fait, et les trois hommes se regardèrent d'un air penaud. Finalement, l'un d'entre eux prit la parole. « Vous avez sûrement pris quelque chose. Nous ne savons pas quoi, mais vous êtes mineur et vous allez rester au poste quelques jours. » Après quoi, il marcha jusqu'au téléphone et appela quelqu'un du département des mineurs pour qu'on vienne me chercher.

Chapitre 10

Un aller retour au Nouveau-Mexique

Je passai deux jours sous les verrous à Palm Springs, avec des beignets à la confiture et du café pour toute nourriture, avant qu'on vienne me chercher pour m'emmener au Riverside County Youth Center (un beau nom pour désigner la prison pour mineurs). Il me fallut encore deux jours avant de cesser d'avoir des hallucinations et comprendre que j'avais seulement fait un mauvais «voyage». Je ne pouvais pas m'empêcher de me demander ce qu'ils allaient faire de moi.

Je songeai à la façon épouvantable dont je m'étais comporté en Floride avec mon père. Je ne pourrais pas le blâmer s'il ne voulait plus jamais entendre parler de moi. Je ne me doutais pas un instant qu'alors même que j'étais là, assis dans ma cellule, il cherchait à trouver une solution pour moi. Il était hors de question que je rentre chez ma mère. Je ne voyais qu'une seule solution possible : m'évader et retrouver ma grotte.

À Riverside, avec mon compagnon de cellule, appelé Doug lui aussi, je commençai à faire des plans. Nous réussîmes à nous procurer des allumettes en cachette et l'un de nous deux fit fondre le plastique autour des fixations maintenant le plexiglas de la fenêtre, tandis que l'autre surveillait les allées et venues du gardien. Nous nous regardâmes avec une jubilation silencieuse, lorsqu'après six boîtes d'allumettes la dernière fixation céda. Je retirai la vitre avec précaution et regardai. On ne voyait personne, mais on entendait des voix venant du hall et je la remis rapidement en place. Nous contemplâmes notre travail avec satisfaction. Les marques de brûlure étaient difficiles à voir et personne ne pouvait soupçonner qu'on avait touché à la fenêtre. Nous décidâmes d'attendre le moment opportun pour nous enfuir.

Avant d'avoir eu l'occasion d'exécuter notre plan jusqu'au bout, cependant, un officier de police vint déverrouiller la porte. « Doug Batchelor !

— Ouais, répondis-je.

— Venez avec moi. Nous vous confions à la garde de votre oncle, Harry Batchelor, au Nouveau-Mexique. »

Je n'en croyais pas mes oreilles. Oncle Harry tenait un commerce dans une réserve d'Indiens Navajos. Lui et tante Nita étaient les gens les plus gentils que je connaissais. Mon oncle aimait les Navajos et ne les exploitait pas comme les autres commerçants. Son honnêteté et son sens de la justice étaient bien connus d'eux. Il les aidait de son mieux. Il ne prétendait pas être chrétien, mais, pour de nombreuses raisons, il vivait comme l'un d'eux.

« Votre oncle viendra vous chercher à l'aéroport », me dit le policier. Je me sentis soulagé. « Oncle Harry ne sera pas déçu, pensai-je résolument. Je serai le meilleur commis qu'il ait jamais eu. »

Au début, je l'aidai vraiment. Mon oncle et ma tante me traitèrent comme un de leurs fils. Donnie, ma cousine, avait mon âge et nous nous entendions bien. Je sentais que toute la famille m'aimait et se souciait sincèrement de moi. Pour la première fois depuis l'école militaire, j'eus une meilleure opinion de moi-même.

Mon oncle possédait deux commerces et je travaillais dans celui de Kimbito, au Nouveau-Mexique. Je remplissais les étagères, balayais le sol et veillais à ce que tout soit bien en ordre. « Prends ce qui te fait plaisir, Doug », me disait mon oncle. Il fumait et ne s'opposait pas à ce que j'en fasse autant. Je m'offrais un sandwich quand j'avais faim et des munitions quand Donnie et moi allions en pleine campagne nous exercer à tirer.

J'aimais bien les Navajos, surtout les filles. Peu de jeunes s'intéressaient à l'école ou désiraient quitter la réserve, mais il existait des exceptions. Un jour, un jeune homme de dix-huit ans à la mine agréable entra dans le magasin. On voyait à son regard vif et à sa conversation intelligente qu'il n'était pas un jeune ordinaire. « Je ne t'ai encore jamais vu, lui dis-je en le servant. D'où viens-tu ? Comment t'appelles-tu ?

— Je m'appelle Ken Platero. J'habite ici dans la réserve, mais je vais à l'université de Washington. » Il sourit avec une certaine timidité. « Je suis rentré pour les vacances de printemps », m'expliqua-t-il. J'étais impressionné. « Pff ! Tu dois être rudement brillant ! Ton père est donc riche ?

— Non, j'ai obtenu une bourse, avoua-t-il en ramassant son sac.

— Viens me voir un jour après la fermeture et nous ferons de la moto », l'invitai-je. Il appréciait mes façons libres et, moi, j'admirais son intelligence et son physique agréable.

J'ignorais à quel point l'alcool était un problème désespéré pour les Indiens. Leur constitution semblait les inciter plus rapidement à l'alcoolisme que les autres. Mon oncle me raconta qu'au cours de toutes les années passées dans la réserve, il n'avait encore jamais rencontré un Indien qui pouvait se permettre de prendre un verre, de refermer la bouteille et de la ranger. « Ils boivent jusqu'à ce qu'ils soient à court d'argent, de boisson, ou morts », disait-il.

Quelques jours après avoir rencontré Ken, je fis de la moto avec lui. Sans tenir compte de la sage attitude de mon oncle, je fis une suggestion stupide, que j'ai toujours regrettée depuis. « Allons acheter un pack de bière au bar », dis-je. J'avais envie d'une boisson et ne songeai pas aux conséquences possibles. Ken changea d'expression. Il baissa les yeux comme s'il avait honte, et articula : « Non, Doug. Boire ne me dit rien qui vaille. Je ne veux pas. »

Malheureusement, je persistai. « Viens, Ken. Une seule bière ne peut pas faire du mal. Je ne suis pas assez âgé pour en acheter moi-même. » Je n'avais pas encore dix-sept ans.

« Non, Doug. Je ne veux pas commencer avec ça. Boire amène des problèmes. Tous ceux qui boivent ont des problèmes. » Je voyais le combat qui se livrait en lui. Son bon sens lui disait de refuser, mais sa courtoisie naturelle et son désir de me faire plaisir le poussaient à accepter.

Finalement, il céda. Je lui donnai l'argent. Nous montâmes sur nos motos et descendîmes bruyamment la rue jusqu'au bar. Il entra à l'intérieur et en ressortit quelques minutes plus tard avec un pack de bière. Je le fourrai sous ma veste, dont je remontai la fermeture éclair. Nous sommes partis en direction de la campagne et nous avons terminé la bière ensemble.

Un jour ou deux plus tard, nous recommençâmes, sauf que, cette fois, je n'eus pas besoin de dépenser autant d'énergie pour convaincre Ken. Avant la fin de la semaine, non seulement nous étions allés plusieurs fois au bar, mais je lui avais également appris comment faire sa propre bière dans un bidon de vingt litres, avec de la levure et du sirop de malt. Pauvre Ken ! Il ne retourna jamais à l'université.

Je passai moins de temps au magasin et davantage à faire de la moto, boire, poursuivre les filles et récolter des ennuis. Et, au fur et à mesure que je perdais à nouveau le contrôle de moi-même, je redevins malheureux.

Finalement, mon oncle Harry me fit venir et me parla en ces termes : « Doug, me dit-il d'un air sérieux, si tu veux faire partie de notre famille, il faut te comporter correctement. Sinon, il ne te restera plus qu'à nous quitter. » Je n'avais jamais vu mon oncle si triste et je me sentis très mal à l'aise. Quelques jours plus tard, j'échangeai ma montre contre vingt dollars, j'achetai un nouveau sac à dos et je retournai en stop à ma grotte californienne. Je venais encore de tout gâcher !

Je m'arrêtai à Palm Springs pour acheter des provisions avant de me rendre à ma grotte. Je venais de quitter le marché, quand j'entendis quelqu'un m'appeler par mon nom.

« Hé, Doug ! » Je me retournai et vis Jim qui m'observait avec attention, ce même Jim qui m'avait montré sa grotte à Tahquitz Canyon, quand j'avais quinze ans.

« C'est bien toi, Batchelor ? » Il secouait la tête d'un air dubitatif.

— Oui, c'est bien moi, le rassurai-je. Je viens juste de rentrer d'une réserve d'Indiens au Nouveau-Mexique. »

Jim avait entendu parler de moi par le biais des amis qui m'avaient fait connaître la stramoine. « Nous avons tous pensé que tu étais mort, me dit-il avec un large sourire. On ne t'a jamais revu après cette partie de drogue à ta grotte. On a cherché ton corps pendant des jours et puis on a fini par abandonner. Cela me fait plaisir de voir que tu es toujours là.

— Merci », marmonnai-je. Toute l'histoire me revint brusquement en mémoire et je me sentis embarrassé en pensant à la façon stupide dont je m'étais comporté. « Comment les autres s'en sont-ils sortis ? » demandai-je non sans inquiétude.

« Pas très bien, me répondit Jim. Mark a marché sur des braises et s'est brûlé les pieds si gravement qu'il a fait un séjour à l'hôpital. Il en est sorti, à l'heure qu'il est. » Il semblait peu enclin à poursuivre.

« Et Brad ? Que lui est-il arrivé ? » insistai-je.

Jim se contenta de secouer la tête. Après un long silence, il dit : « Personne ne sait vraiment. Steve m'a dit qu'après que vous vous étiez tous évanouis, il s'est allongé dans la grotte et s'est endormi. Quand il s'est réveillé le lendemain, il n'y avait plus personne. Brad est peut-être quelque part au fond du canyon. »

Pas étonnant qu'ils m'aient cru mort, moi aussi ! Je songeai tristement à ma fuite éperdue en bas de la montagne cette nuit-là et je me demandai une nouvelle fois comment j'avais pu en réchapper.

Ce jour-là, en grimpant le long du sentier en direction de ma grotte, je demeurai plongé dans de profondes réflexions. Même en cherchant à rationaliser mes sentiments, je ne pouvais pas échapper à la conviction selon laquelle non seulement je me faisais du tort quand je n'agissais pas correctement, mais j'en faisais aussi aux autres autour de moi. Ma folie avait-elle coûté la vie à Brad ? Pendant tout le parcours jusqu'à ma grotte, ma culpabilité me parut bien plus lourde à porter que mon sac à dos.

J'atteignis la troisième vallée. Je quittai le sentier pour marcher vers la grotte et entrai presque en collision avec un jeune homme débouchant d'un gros rocher. De surprise, nous nous sommes arrêtés net en nous dévisageant.

« Eh bien, articulai-je enfin. Je m'appelle Doug.

— Et moi Glen », répondit-il. Nous nous saluâmes d'un signe de tête.

« Qu'est-ce qui t'amène par ici ? lui demandai-je.

— Je vis ici.

— Où ça ?

— Dans ma grotte », répondit-il timidement. Il lança son pouce par-dessus son épaule, indiquant un endroit quelque part derrière lui.

« Tu connais Jim et Sunny ? demandai-je.

— Ouais. »

En moi-même, je me demandai : « Qu'est-ce qu'il a, ce type ? Il ne sait pas parler ou quoi ? »

Je compris qu'il appréciait ce petit jeu d'une question-réponse à la fois, aussi lui adressai-je un grand sourire.

« Je suis revenu vivre ici. J'habite cette grande grotte sous le rocher », et je montrai du doigt le gros rocher qui se trouvait devant nous.

J'étudiai Glen attentivement tout en lui parlant. Il mesurait environ un mètre soixante-dix. Il avait une barbe hirsute et des yeux bruns pénétrants. Il pouvait avoir dans les vingt-cinq ans, pourtant ses cheveux châtain clair, clairsemés sur le dessus de la tête, témoignaient d'une calvitie précoce. Il avait la peau tannée à force de vivre dehors.

Quelque chose, chez lui, m'intriguait. Sa répugnance à parler me donnait l'impression qu'il gardait quelque secret caché et je me demandai de quoi il s'agissait. Par la suite, j'appris que ses parents avaient été médecins missionnaires en Inde. Dans ce pays, les gens et les écoles étaient si différents d'ici que, lorsque sa famille retourna vivre en Amérique, une adaptation fut nécessaire. Glen ne se sentit pas à l'aise avec les enfants américains et rechercha la solitude. Malgré ses talents et sa grande intelligence, il ne s'était jamais marié. Il semblait maintenant fuir la vie.

Il s'avéra que nous étions les seuls occupants de la vallée et qu'il en serait sans doute ainsi pendant les mois à venir. Glen aimait m'entendre parler et moi, j'étais intrigué par ses silences chargés de mystère. Mais, pour le moment, nous nous séparâmes, en nous promettant de nous revoir bientôt.

Quand j'arrivai à ma grotte, je ne fus pas surpris de constater que mes affaires avaient disparu. Après tout, j'avais été parti trois mois au Nouveau-Mexique et mes amis me croyaient mort. Ce qui me surprit, ce fut que la Bible se trouvait toujours à l'endroit où je l'avais laissée. Une petite voix me dit de la prendre et de la lire, mais je me ressaisis et décidai de le faire plus tard. Il me fallait d'abord remettre les lieux en état.

Je chantonnais en rangeant mes provisions. Le ruisseau babillait comme font les enfants heureux. Le soleil brillait, une brise légère faisait chuchoter les sycomores et un verdier chantait joyeusement. J'étais de retour chez moi!

Un après-midi, tandis qu'assis dans ma grotte, je roulais une cigarette, j'entendis un faible «miaou». Je restai immobile, l'oreille tendue. «Miaou.»

Cela ressemblait tout à fait à un chat. Il y avait dans la montagne des lynx et des pumas, mais il s'agissait bien d'un chat domestique. Comment ce minet était-il parvenu à grimper dans ces montagnes désertiques? me demandais-je, quand je l'aperçus. Un magnifique chat persan à la longue fourrure noire et blanche traversait le ruisseau en sautant de pierre en pierre.

«D'où viens-tu comme ça?» lui lançai-je.

Je ne trouvai jamais la réponse à cette question mais, pendant l'année et demie qui suivit, «Stranger» fit sa demeure dans ma grotte. C'était un redoutable chasseur et il fournissait lui-même une grande partie de sa nourriture, en attrapant des écureuils, des oiseaux et, bien sûr, des souris. Ces petits rongeurs ne subsistèrent jamais longtemps dans ma grotte après l'arrivée de Stranger.

Quelquefois, la nuit, quand il avait fini de chasser, il bondissait jusqu'à la chambre de ma grotte et poussait doucement mon nez de sa patte jusqu'à ce que je soulève mes couvertures. Il rampait alors jusqu'à mes pieds et s'enroulait sur lui-même en ronronnant. J'avoue que j'en éprouvais une délicieuse sensation de détente. Mais le jour où il perdit la face devant un putois je fus obligé de l'éviter pendant une semaine.

Je passais de nombreuses heures à explorer avec bonheur mon canyon et le pays alentour, jusqu'à les connaître comme le dos de ma main. Du printemps à l'automne, des randonneurs enthousiastes montaient jusqu'à la grotte le week-end et s'arrêtaient souvent pour me demander le chemin, ou s'asseoir et parler.

Un jour où Glen et moi sortions du canyon pour aller en ville, nous entendîmes soudain gémir. En regardant pardessus une corniche proche, nous aperçûmes, assis sur le bord d'un rocher, un jeune homme qui gémissait et s'agitait. Du sang coulait du cuir chevelu le long de son visage. Ses vêtements étaient déchirés et son corps couvert d'écorchures, de bleus et de sang séché. Nous le rejoignîmes en hâte. « Qu'est-il arrivé ? » haletai-je. Il continua de gémir et de se balancer d'avant en arrière, mais ne répondit pas. Selon toute apparence, il était en état de choc et inconscient de notre présence.

Glen regarda vers le haut de la montagne. « On dirait bien qu'il est tombé de là-haut. » Il indiqua la crête, quelque trois cents mètres au-dessus de nous. « Je ne sais pas comment il ne s'est pas tué.

— Allons chercher du secours ! » proposai-je. Je me penchai et approchai mon visage de l'oreille du jeune homme. « On revient, mon vieux. Reste-là, hein ? » Nous partîmes en courant sur le sentier en direction de Palm Springs et je suis sûr que nous sommes descendus de la montagne en un temps record.

Au Mayfair Market, nous téléphonâmes au bureau de sauvetage. « Vite ! haletai-je. On a trouvé un homme gravement blessé au canyon de Tahquitz. Il est tombé du haut du sentier. Il a vraiment l'air mal en point ! » Après un bref échange, on me répondit qu'on allait immédiatement envoyer une équipe de deux hommes à bord d'un hélicoptère. Nous remontâmes en hâte sur la piste pour rester auprès du blessé, faire des signaux à l'hélicoptère et montrer l'endroit aux sauveteurs.

L'hélicoptère trouva un espace où se maintenir en l'air. Deux hommes en descendirent avec leur équipement, tandis que le pilote maintenait la machine sur place.

Glen et moi regardions debout. Les sauveteurs auscultèrent rapidement le jeune homme, lui firent une intraveineuse et l'attachèrent sur un brancard.

Il n'y avait pas de terrain plat à proximité pour permettre à l'hélicoptère d'atterrir, aussi le pilote posa-t-il l'un des patins sur le bord d'une petite falaise. Tous les quatre, nous transportâmes lentement le blessé en haut du flanc rocailleux de la montagne jusqu'à l'hélicoptère. Le pauvre type gémissait chaque fois que nos pieds glissaient.

Lorsque nous approchâmes de l'hélicoptère, je commençai à m'inquiéter pour ma propre sécurité. Les hélices, en tournant, brassaient l'air autour de nous, projetant dans toutes les directions des tourbillons de poussière et des bouts de cactus. Il était facile d'imaginer que si la pierre sur laquelle reposait l'hélicoptère cédait, ce dernier nous tomberait dessus et nous transformerait en hamburgers. Mais le blessé fut bientôt attaché en sécurité et l'oiseau d'acier s'éleva dans les airs en direction de l'hôpital. Plus tard, je rencontrai le pilote en ville. Il me dit que le jeune homme avait fait sa chute en état d'ivresse. « Il a eu de la chance que vous soyez passés par là à ce moment-là », me dit-il.

Cela me fit plaisir d'avoir pu participer à un sauvetage. Cette occasion marqua le début de mon amitié avec l'équipe des sauveteurs. Des randonneurs se perdaient ou se blessaient souvent dans ces montagnes escarpées. Plus d'une fois, l'équipe de sauvetage survola ma grotte en hélicoptère pour me demander, à l'aide d'une corne de montagne, si je n'avais pas vu tel randonneur. Je répondais par gestes, ou en agitant une serviette rouge.

Je me trouvais en effraction sur la réserve des Indiens Agua Calientes, mais je n'eus pas d'ennuis grâce à ma coopération avec l'équipe de sauvetage. La plupart des gens qui tombaient avaient bu ou s'étaient drogués. Ces chutes n'avaient pas toujours une fin heureuse. En marchant le long d'une corniche sur une piste étroite et en faisant attention où ils mettaient les pieds, les randonneurs oubliaient leur sac à dos qui dépassait par-derrière. Ce dernier heurtait une saillie du rocher et le choc précipitait la personne en bas du canyon.

Certains randonneurs, en cherchant à suivre un ruisseau jusqu'en bas de la montagne, se trouvaient pris à un piège mortel. Au fond de la troisième vallée, une série de trois petits lacs les attirait. Pour atteindre le premier, ils devaient se laisser glisser le long d'une paroi rocheuse lisse et presque verticale. Toujours en suivant le ruisseau, ils parvenaient au deuxième point d'eau, qui se trouvait lui aussi au pied d'un gros rocher à pic. Apercevant le troisième petit lac, ils poursuivaient la descente.

En dessous se trouvait une cascade de trente mètres cachée aux regards. Quand ils y parvenaient, ils étaient piégés. Ceux qui cherchaient à remonter devaient ressembler à des scarabées essayant d'escalader la paroi d'une cruche en verre. Certains mouraient de froid, d'autres de faim ou d'une piqûre de serpent. Un homme plus âgé mourut d'un arrêt cardiaque en tombant dans l'eau froide.

En faisant mes courses en ville, je fus horrifié de voir des clochards fouiller les poubelles derrière les stands d'alimentation. « Qu'est-ce que vous faites ? demandai-je la première fois que je les vis.

— On va à la chasse au trésor ! Les magasins jettent des tas de bonnes choses, surtout des bananes.

— Pouah ! pensai-je. Je n'irais jamais chercher de la nourriture dans un endroit qui sent aussi mauvais. Ces gens n'ont aucun respect d'eux-mêmes. »

Chaque fois que je descendais en ville, je les voyais fourrager dans les poubelles. Finalement, poussé par la curiosité, je m'approchai. Je ne tardai pas à leur indiquer ce qui me semblait intéressant et, très vite, je fouillai moi-même avec ardeur. J'appréciais surtout les bananes à la peau tachée de brun, trop mûres pour être vendues en magasin, mais juste à point pour me faire du pain à la banane.

On trouvait des quantités de pain et de pizzas derrière une boulangerie appelée Nicolino. Au lieu de solder ce qui n'était plus du jour, la boulangerie le jetait pour notre bonheur. Plus tard, quand je devins chrétien, je pensai : « Le péché, c'est comme de fouiller dans les poubelles ! Au début, ça semble affreux et dégoûtant, mais quand on s'y habitue, cette impression s'estompe et, pour finir, on s'y trouve plongé jusqu'au cou. »

Je ne tardai pas à devenir le copain des gens de la rue de Palm Springs. Aucun d'eux ne portait un prénom courant, comme Bob ou Jim. Ils portaient tous des surnoms, comme Crazy Dan, Railroad, ou Pack Rat.

Un jour, un ami appelé Rico me taquina devant quelques amis. « T'es un homme des cavernes, me dit-il. C'est plus possible de t'appeler Doug. On va t'appeler Duh-ugh ! Ouais. C'est le premier mot prononcé par les hommes des cavernes. Duh-ugh.

— J'aime beaucoup mieux m'appeler Doug tout simplement, ou même Cave Man (l'homme de la grotte ou de la caverne), protestai-je. Mais pas Duh-ugh. » Je fus désormais surnommé Cave Man et ces gens-là m'appellent encore ainsi aujourd'hui.

Ces clochards avaient parfois un côté comique. Little Richie, un jeune homme qui mesurait environ un mètre cinquante, avait l'habitude de dormir la nuit dans le conteneur d'une œuvre de charité destiné à recueillir les dons de vêtements. Il était juste assez petit pour se glisser dans l'ouverture et aimait dormir là parce que les vieux vêtements que les gens y jetaient lui faisaient un lit douillet. Mais de bonne heure un matin, tandis que Richie dormait encore, quelqu'un décida de donner des vieilles casseroles. Imaginez la surprise de Richie, quand la vaisselle lui dégringola dessus, et celle du donateur, en entendant crier du fond du conteneur : « Hé, ça suffit ! » Il y avait aussi Crazy Dan. Le LSD lui avait dérangé le cerveau et il parlait aux mannequins des vitrines de magasin.

Au moment où j'emménageai dans la grotte, je jouais de la flûte à bec, mais je me trouvais limité et j'avais envie de jouer d'un instrument plus complexe. Quand mon frère m'écrivit en me demandant ce que je désirais pour mon anniversaire, je demandai une flûte traversière.

Quelques semaines plus tard, un paquet arriva. Je l'ouvris avec impatience et découvris une magnifique flûte Yamaha en argent, rangée dans un étui doublé de velours bleu. Apprendre à en jouer fut plus difficile que je ne le croyais, mais j'avais tout mon temps et je finis par jouer assez bien pour donner l'impression que je savais ce que je faisais. Désormais, quand je me rendais en ville pour faire mes courses, je l'emportais avec moi. Je choisissais un bon emplacement en face de la librairie où d'autres hippies venaient traîner, je m'asseyais en tailleur sur le trottoir et me mettais à jouer. De temps en temps, des passants s'arrêtaient pour écouter et laissaient parfois tomber une pièce dans la tasse que je posais devant moi. Quand j'avais récolté suffisamment d'argent pour faire mes courses, je ramassai mon gain et filais au Mayfair Market pour acheter ce que les poubelles ne fournissaient pas.

Chapitre 11

À la découverte de la Bible

La nouveauté de la vie dans la grotte s'estompait et rien d'extraordinaire ne se produisait. Touchées par la majesté du paysage, mes pensées se tournèrent plus souvent vers Dieu. J'aspirais à cette paix intérieure qui me fuyait et qui m'avait à l'origine amené dans ce lieu. Je passai beaucoup de temps à lire des ouvrages de philosophie et des livres sur les religions orientales. Ces derniers me disaient de méditer et de chercher Dieu au fond de moi. Mais plus je le faisais et plus j'étais insatisfait, parce qu'en moi tout n'était que confusion.

Ma famille juive, qui, bien sûr, n'acceptait pas le Christ comme Messie, m'avait donné de la religion chrétienne une idée négative. Elle m'avait appris que celle-ci était à l'origine de toutes les guerres européennes, les croisades, les massacres du Moyen Âge et la guerre de religion en Irlande, entre catholiques et protestants.

Au sujet de Jésus-Christ, cependant, une chose m'intriguait. On m'avait dit, de façon erronée, qu'il enseignait la réincarnation. Je décidai de vérifier par moi-même. Peut-être même trouverais-je des arguments contre les hippies qui aimaient discuter de leur religion avec moi.

Je descendis un jour la Bible de son étagère de pierre et en essuyai la poussière. Je lus : « Holy Bible, King James Version. » Je me demandais qui était cette « vierge » du roi James, car même si j'étais allé à l'école jusqu'au milieu de l'enseignement secondaire, je ne lisais pas couramment. Je confondis donc le mot *Version* avec le mot *Virgin*.

J'ouvris la Bible. À l'intérieur de la couverture se trouvait un message rédigé à la main : *« Né de nouveau le 12 juillet 1972. Je prie pour que quiconque trouve cette*

Bible la lise et découvre la même paix et la même joie que moi.» Suivait la signature de mon bienfaiteur.

«Bon, pensai-je. C'est vrai que je recherche la paix, mais je doute que ce livre me la donne.» Néanmoins, je m'assis dans mon fauteuil et commençai à lire. Chaque fois que je tombais sur le mot *brethren* (frères), je croyais qu'il s'agissait du verbe *breathing* (respirer). «Cela doit être un terme spirituel», pensai-je. À ma place, vous auriez été étonnés de constater combien souvent on respire dans le livre des Actes!

Même si je me débattais avec le langage vieillot de la King James, les histoires que je lisais me captivaient. C'était comme si une présence divine se tenait à mes côtés et m'assurait que ces textes étaient dignes de foi. J'appréciai le récit d'Adam et Eve et j'aurais aimé y croire, parce que cela m'aurait permis d'avoir une meilleure opinion de moi-même. Si le premier homme et la première femme avaient été créés par Dieu, je devenais descendant d'un fils de Dieu, et non d'une amibe ou d'un singe! Dans ma lecture, je m'identifiai avec les personnages. Je fus attristé par la désobéissance d'Adam et Eve et leur exil du jardin d'Eden.

Puis le récit du déluge frappa mon imagination. Si l'eau avait recouvert la terre entière, je ne m'étonnais plus d'avoir trouvé des fossiles témoignant d'une vie aquatique à deux mille mètres de haut, lorsque je vivais au Nouveau-Mexique. Cela expliquait également pourquoi les murs de mon canyon avaient été érodés jusqu'à devenir lisses sur des dizaines de mètres de hauteur. L'hypothèse d'une gigantesque inondation remuant des tonnes de vase semblait plus plausible que tout ce qu'on m'avait enseigné en classe.

Quand mon fauteuil me parut trop dur, je me levai et continuai ma lecture, allongé sur mon hamac. Mon estomac finit par crier famine et je reposai la Bible à contrecœur pour me préparer un repas. Puis je m'assis devant le bidon retourné qui me servait de table, posai la Bible sur mes genoux et continuai ma lecture entre deux bouchées.

Je me reconnus dans Jacob. Sa supercherie lui avait causé des ennuis, l'obligeant à fuir de chez lui pour sauver sa peau. Je songeai à toutes les fois où je m'étais enfui de chez moi. Le retour de Jacob chez son père me fit presque monter des larmes aux yeux.

Je lus et je relus les dix commandements. Ils m'apparurent comme un ensemble de lois parfaites ! Je remarquai que le quatrième commandement disait qu'il fallait considérer le septième jour comme saint, aussi consultai-je un vieux calendrier dans la chambre de la grotte. Puis je relus les dix commandements une troisième fois. « Si seulement on observait ces lois, comme le monde serait différent ! » pensai-je.

Je m'embrouillai quand je parvins à la dernière partie de l'Exode, avec tous ces noms que je ne pouvais prononcer et, finalement, je mis la Bible de côté. Mais les récits que j'avais lus me trottaient dans la tête et je sentais que Dieu n'était pas indifférent aux affaires humaines.

Un jour, je rencontrai en ville un chrétien et, au lieu de l'éviter comme à l'accoutumée, je lui dis que je m'étais mis à lire la Bible. « Mais les récits sont finis, dis-je tristement. À partir de là, ce ne sont plus que des noms et des chiffres et le texte ne cesse de répéter la même chose. Ne trouve-t-on plus de bonnes histoires à lire ?

— Mais si, la Bible en est remplie, me répondit-il. Pourquoi ne pas essayer de lire le Nouveau Testament ? Matthieu, Marc, Luc et Jean. Ils parlent tous de Jésus-Christ.

— Je ne suis pas sûr de croire en Jésus-Christ », objectai-je lentement. Il ne chercha pas à argumenter.

« Comme tu veux », dit-il.

Je décidai d'essayer le Nouveau Testament. Matthieu commençait par une généalogie et je crus m'être trompé. Mais une fois la série de verbes « engendrer » terminée, je découvris avec bonheur un vrai récit avec une trame. J'étais sur la défensive quand je commençai à lire Matthieu, mais au lieu de découvrir que Jésus était un charlatan décevant cherchant à se glorifier lui-même, je me rendis compte qu'il était quelqu'un de fort et de chaleureux, attentif aux autres et prêt à pardonner, allant partout enseigner, guérir et ressusciter les morts.

Je sentais une présence divine m'assurer que c'était véridique, mais Satan n'était pas loin, il me poussait à douter. « Tu ne sais même pas si ce Jésus a existé. Peut-être n'est-il qu'une fable inventée par d'habiles conteurs ! » me chuchotait-il. Peut-être, mais je vérifierais. Je me rendis à la bibliothèque publique de Palm Springs. Non seulement j'appris que Jésus était un personnage historique, mais qu'il avait joué un rôle si important dans l'histoire que notre système de datation partait de sa naissance !

Je terminai Matthieu et commençai à lire Marc, qui racontait à peu près la même chose, mais avec davantage d'action. J'appréciai particulièrement le livre de Luc, notamment l'histoire du fils prodigue. J'avais l'impression d'être ce fils rebelle qui avait besoin de se tourner vers son Père céleste. Luc racontait aussi l'histoire du bon Samaritain. Je songeai à tous ces gens qui étaient passés à côté de moi le jour où je faisais du stop et me sentais si misérable. C'est alors que ce chrétien était venu à moi, comme le Samaritain, et m'avait aidé.

Je commençai à voir le christianisme sous un autre jour. Les autres religions pâlirent en comparaison. Le christianisme me disait, non de regarder en moi-même pour y puiser de la force, mais de regarder vers Jésus, qui m'apporterait le pardon et le repos que je recherchais. Le livre de Jean, avec ses concepts si profonds sur Dieu et son amour, m'enthousiasma. Je sentais Jésus m'attirer à lui.

Quand j'eus fini les quatre Evangiles, je compris que je devais prendre une décision. Je savais qu'il avait vraiment existé, mais qui était-il ? J'avais le choix entre trois possibilités. C'était soit un fou, soit un menteur, soit celui qu'il disait être, le Fils de Dieu. Je désirais passionnément connaître la vérité. Je ne songeai pas un instant que je pouvais demander l'aide de Dieu par la prière, mais je suis sûr que ce dernier connaissait ce à quoi j'aspirais si ardemment et qu'il m'aida à trouver la réponse.

« Était-il fou ? » me demandai-je. Je songeai à toutes les fois où il avait imposé le silence à ses ennemis par quelques paroles seulement. Je songeai avec quelle puissance il s'était exprimé, notamment dans le Sermon sur la montagne, et comment il devinait les pensées et les intentions cachées au fond des cœurs. Non, décidai-je, il n'est pas fou, au contraire, il est brillant.

« Était-ce un menteur et un séducteur ? » Je songeai à son ministère désintéressé et comment, partout, il guérissait les malades, ressuscitait les morts et chassait les démons. Il avait consacré toute sa vie à enseigner la vérité et à dénoncer l'hypocrisie. S'il avait été un menteur, il aurait facilement pu mentir lors de son jugement pour échapper à la mort. J'étais moi-même un menteur invétéré et on dit que seul un menteur peut en détecter un autre. Non, ce n'était pas un menteur. Il ne restait qu'une conclusion possible.

Jésus devait être celui qu'il disait être, Dieu fait chair, venu sur terre pour demeurer parmi nous. En prenant conscience de cela, je tombai à genoux sur le sol de ma grotte. « Seigneur Jésus ! criai-je tout haut, je crois que tu es le Fils de Dieu et mon Sauveur. Je crois que tu as payé pour mes péchés. Je désire que tu viennes dans ma vie et que tu me montres comment te suivre. »

Satan se hâta de me décourager. Je sentais les forces du bien et du mal se disputer mon cœur. « Mais enfin, que fais-tu ? me demandait Satan. Tu es resté là-haut trop longtemps. Voilà maintenant que tu te parles à toi-même ! De toute façon, ton cas est désespéré. Souviens-toi de tout ce que tu as fait. Tu as été trop loin.

— Mais qu'ai-je à perdre, sinon mon péché et ma culpabilité ? objectai-je. Jésus, j'ai si souvent agi de façon stupide et abjecte. Pardon. S'il te plaît, pardonne-moi le mal que j'ai fait. Et, s'il te plaît, change-moi. »

Je demeurai à genoux encore un moment. Il n'y eut pas de lumière éblouissante, rien de remarquable ne se produisit, mais je sus d'une certaine manière que Dieu avait entendu ma prière et pardonné mes péchés. Mon cœur se remplit d'une paix très douce, comme jamais encore je n'avais ressenti. Lentement, je me relevai et regardai autour de moi. Le monde entier me parut plus beau. La musique de la cascade, l'eau claire du lac, les arbres frémissants, le ciel si bleu : quel univers magnifique Dieu avait créé pour les hommes ! Mon cœur chantait et j'aspirais à partager mon bonheur.

Je n'arrêtai pas de fumer ce jour-là, ni de boire, ni de prendre de la marijuana. Dieu ne m'épouvanta pas en me montrant sur-le-champ tous les changements que j'aurais à apporter dans ma vie. Mais il m'accepta tel que j'étais et je sus que, désormais, j'appartenais au Christ. Le Saint-Esprit me convaincrait de mes péchés, un à un, au fur et à mesure que je croîtrais en grâce.

Deux jours plus tard, un randonneur baptiste qui passait par ma grotte s'arrêta pour bavarder. Immédiatement, nous abordâmes le sujet de la religion et je lui racontai comment j'avais remis ma vie entre les mains de Jésus. « C'est magnifique, Doug ! Je suis si heureux pour toi, me dit-il sincèrement. Mais tu n'es pas baptisé, n'est-ce pas ?

— Euh, non, admis-je lentement. Je n'y avais même pas pensé. Où parle-t-on de baptême ? » Il prit ma Bible et parvint rapidement au livre de Matthieu. « Voilà, Matthieu 28.19 : "Allez, faites de toutes les nations des disciples, baptisez-les au nom du Père, du Fils et du Saint-Esprit."

— Bon, cela me semble clair, admis-je. Mais comment faire ? Je ne connais même pas de pasteur.

— Cela ne pose aucun problème, dit-il. Voilà de l'eau. Je vais te baptiser.

— Eh bien, euh… » J'hésitais. « D'accord ! Si c'est cela que je dois faire, alors allons-y. Je vais chercher de quoi nous sécher. » Je saisis deux serviettes sur l'étagère et les dépliai sur le sol à côté du lac. En entrant dans l'eau glaciale, nous eûmes tous deux le souffle coupé.

« Accroche-toi à mon poignet gauche », dit-il. Je m'en saisis des deux mains. Il leva sa main droite au-dessus de ma tête et dit d'un ton solennel : « Frère Doug, parce que tu crois que Jésus-Christ est le Fils de Dieu, je te baptise maintenant au nom du Père, du Fils et du Saint-Esprit. Amen. » Il me plongea dans l'eau, puis me releva.

Nous sortîmes de l'eau froide en pataugeant, mais je me sentis dans un état proche de l'extase tandis que nous séchions nos corps ruisselants. Ma joie, cependant, fut de courte durée.

Plus tard, ce jour-là, je me rendis en ville pour fêter mon baptême avec une bière ou deux. Une voix au fond de moi me dit : « Non, Doug. Les chrétiens ne boivent pas.

— Mais Jésus ne buvait-il pas du vin ? objectai-je. N'a-t-il pas changé l'eau en vin ? » Je n'avais pas encore appris que, dans la Bible, le mot vin signifiait généralement : fruit de la vigne. Quand il s'agissait d'une boisson fermentée, celle-ci était appelée : boisson forte. Je découvris par la suite que la Bible enseignait qu'il était mauvais et insensé de boire (voir Proverbes 20.1).

J'avais consommé dans ma vie un grand nombre de drogues, y compris du LSD, du haschisch, des amphétamines, des sédatifs et de la cocaïne, mais aucune d'elles ne m'avait paru créer une dépendance aussi dangereuse que l'alcool. Plus de la moitié des accidents mortels de la route sont causés par l'alcool et plus de la moitié des gens en prison, dans les hôpitaux et dans les services de psychiatrie y sont à cause de l'alcool.

Je n'avais pas l'intention de me soûler ce jour-là, mais après une bière, ma volonté s'affaiblit et j'en repris avec un ami. Avant que le soleil ne se couche sur mon baptême, j'étais arrêté pour avoir provoqué des désordres sur la voie publique. Mon ami baptiste avait négligé le verset suivant, tout aussi important : « Allez, faites de toutes les nations des disciples, baptisez-les au nom du Père, du Fils et du Saint-Esprit, et *enseignez-leur* à garder tout ce que je vous ai prescrit. » Il ne m'avait pas enseigné comment mener une vie chrétienne. Pour sa défense, je dirais qu'enseigner un converti récent prend beaucoup de temps et que, ce jour-là, il était en randonnée. Dieu s'était servi de lui pour que je puisse commencer mon cheminement chrétien. Par la suite, d'autres chrétiens m'enseignèrent comment vivre ma vie chrétienne.

J'éprouvai un sentiment de honte quand je fus libéré de prison le jour suivant, mais quelque chose me dit que Dieu me pardonnerait et je continuai à lire et à prier. Je me mis en quête de signes indiquant que le Seigneur était avec moi. Je lus dans les Ecritures : Rendez toujours grâces pour tout (Éphésiens 5.20) et je pris Dieu au mot. Si je me cognais la tête ou me faisais mal, je disais : « Merci, Seigneur. » Je ne voulais pas que le diable me pousse à être grossier, or je ne pouvais pas remercier Dieu et jurer en même temps !

Je fus déçu lorsque Glen, mon « voisin », resta indifférent à mon nouveau bonheur. Je ne comprenais pas son attitude, mais je ne me laissai pas décourager. Mon enthousiasme ne fit que croître et je priai Dieu de me donner l'occasion de témoigner. « Mais je demande là quelque chose d'impossible, même pour Dieu, pensai-je. Il n'y a personne par ici, à part Glen, et il ne veut pas m'écouter. »

J'étais loin de me douter de ce que Dieu me réservait, ou réservait à Glen ! Je ne comprenais pas alors que Glen s'intéressait à la spiritualité. Pourtant, quelques années plus tard, il consacra à nouveau sa vie à Dieu.

Chapitre 12

Star d'un jour

Quelques jours après avoir demandé à Dieu de me donner l'occasion de témoigner, je descendis du canyon pour donner à ma mère mon coup de fil mensuel. Au son de ma voix, elle parut tout excitée. « Oh, Doug, si tu savais ! » Les mots se bousculaient dans sa bouche. « J'ai déjeuné avec le commentateur des nouvelles télévisées de la chaîne CBS et il a pensé qu'un reportage sur un fils de millionnaire vivant dans une grotte serait du plus haut intérêt. Il veut monter te voir !

— Super ! m'exclamai-je. Quand vient-il ? » L'idée d'apparaître à la télévision m'amusait. Je suppose que j'avais hérité de ma mère le goût de la scène.

« Je ne sais pas, répondit-elle. Appelle-moi demain. Je le saurai d'ici là. » Je fis cette semaine-là plusieurs fois le long aller et retour pour obtenir chaque fois la même réponse : « Appelle-moi demain. »

Pour finir, furieuse après la CBS, ma mère contacta une autre chaîne, la NBC, qui sauta sur l'occasion. À neuf heures trente le lendemain, j'accueillis ma mère et deux équipes de télévision, la CBS et la NBC, à l'aéroport. Les deux chaînes avaient pris involontairement le même avion et étaient arrivées ensemble. Immédiatement, une dispute éclata au sujet de qui ferait le reportage. J'étais terriblement embarrassé. Ma mère, bénie soit-elle, prit le taureau par les cornes et arbitra le conflit.

« Vous n'avez pas su saisir votre chance, dit-elle aux hommes de la CBS. Mon fils a fait l'aller et retour tous les jours et vous nous avez fait attendre. Nous donnons le reportage à la NBC. » L'homme de la CBS devint cramoisi et se mit à hurler : « Vous ne réalisez pas, madame, le travail que donne un reportage comme celui-ci ! Il m'était impossible de faire les arrangements plus tôt !

— Peut-être, riposta-t-elle, mais la NBC n'a pas eu besoin d'autant de temps. Le reportage est à elle et n'en parlons plus !

— Vous rendez-vous compte de l'argent que cette affaire va nous coûter ? Madame, je vous méprise ! » Là-dessus, il réunit son équipe et partit en trombe.

Tout d'abord, je songeai : « Pourquoi, Seigneur, cela se passe-t-il ainsi ? » Par la suite, j'appris que le commentateur de la CBS avait apporté un short couleur léopard pour jouer les Tarzans et faire du reportage une véritable comédie. Dieu savait ce qu'il faisait !

Le coup porté, cependant, ne perturba pas ma mère. Elle eut tôt fait de tout organiser et nous nous mîmes en route. Notre pilote, Pete Scott, fut obligé de faire deux voyages pour emmener tout le monde jusqu'au troisième canyon, mais, en hélicoptère, cela ne prit pas longtemps.

Quel plaisir d'apercevoir du haut des airs la piste que j'avais prise si souvent ! Il fallut une grande habileté au pilote pour atterrir. Il n'y avait pas assez de place devant la grotte, aussi Pete trouva-t-il en bas du canyon un gros rocher assez plat pour pouvoir poser l'un des patins. Il stabilisa ainsi l'hélicoptère, tandis que les passagers et leur équipement en descendaient.

Je connaissais Pete assez bien. C'était lui qui travaillait pour l'équipe de sauvetage et il me consultait chaque fois qu'il recherchait un randonneur. Tout ce tapage autour de son ami le hippie l'amusait beaucoup.

Quand la caméra fut prête, on me donna des instructions et on commença à filmer. D'abord, on me demanda de monter le long du sentier avec mon sac à dos. Puis, je fis du feu et préparai quelque chose à manger. On filma l'extérieur et l'intérieur de la grotte, mon hamac, la petite cascade, le point d'eau, mon fauteuil et même le bidon en plastique qui me servait à la fois de table et de placard pour conserver les aliments à l'abri de la vermine. « Que faites vous à part cuisiner et manger ? me demanda le directeur.

— Oh, parfois j'explore la montagne, parfois je fabrique des objets, ou je lis, dis-je. Et parfois je nage. »

Son visage s'éclaira. « Que diriez-vous d'un plongeon ? me demanda-t-il. Cela ferait une excellente prise de vues pour finir. » J'hésitai et je baissai les yeux. Finalement, j'avouai : « Je n'ai pas de maillot de bain.

— Oh, ce n'est pas grave, me rassura-t-il. Mes hommes sont des professionnels. Ils filmeront de suffisamment loin pour que personne ne le remarque. »

Je réfléchis un instant. « D'accord, dis-je. Si vous n'y voyez pas d'inconvénient, alors moi non plus. » Et j'enlevai mes vêtements. L'équipe recula aussi loin qu'elle le put. Je grimpai sur le rocher et, me trouvant à environ six mètres au-dessus de l'eau, je plongeai. Le directeur et l'équipe des cameramen furent enchantés. Je nageai pendant une minute ou deux tandis que les caméras tournaient. Ma mère se tenait au bord de l'eau et me tendit une serviette quand je sortis. (Il était impossible de la choquer.) Quand je fus habillé, le directeur me dit qu'il voulait me poser d'autres questions pour l'interview. « Allez-y ! » dis-je.

« Votre père est un multimillionnaire. Votre mère travaille dans le spectacle. Vous pourriez faire ce que vous voulez de votre vie. Pourquoi vivez-vous dans un endroit comme celui-ci, loin de tout confort ? »

Je réfléchis un moment. « Je suppose que c'est par couardise. J'ai fui les contraintes de la vie. J'avais envie de faire mon propre truc. Tout me semblait si étrange. C'est une société où le loup mange le loup. Je récoltais toujours des ennuis et j'avais des problèmes de comportement. Ici, je me sens bien. Je suis au soleil, au grand air et je fais du sport en grimpant le long des pistes.

» J'ai trouvé une Bible dans ma grotte, qui m'a enseigné à connaître Jésus-Christ. Il est en train de changer ma vie et j'ai finalement trouvé la joie et la paix que je recherchais. Maintenant que j'ai trouvé Jésus, je veux le dire au monde entier. Je suis maintenant un homme libre, parce que mes péchés me sont pardonnés. Je souhaite que tout le monde soit aussi heureux que moi, ici dans cette grotte avec

Dieu, environné par sa création.» Quand j'eus terminé mon petit discours, on me filma en train de jouer de la flûte. Puis ils rangèrent leur matériel et nous retournâmes tous à Palm Springs.

«Quand l'émission aura-t-elle lieu?» demandai-je au directeur.

— Trois fois aujourd'hui : aux nouvelles de dix-sept heures, de vingt-deux heures et de vingt-trois heures.»

«Comment est-ce possible? rétorquai-je d'un air de doute. Il est presque quatorze heures!

— Vous allez voir, assura-t-il, une lueur amusée dans les yeux. Nous sommes des professionnels, ne l'oubliez pas!» Pourtant j'avais des doutes.

«Encore une chose, ajoutai-je. S'il vous plaît, ne dites pas où se trouve cet endroit. Je ne veux pas que ma grotte devienne une attraction touristique.

— Je comprends. Je le transmettrai au patron», promit-il. Lorsque nous fûmes en bas de la montagne, je décidai de rester en ville afin de voir s'ils arriveraient vraiment à programmer l'émission pour les nouvelles de dix-sept heures. Bien sûr, je n'avais pas la télévision dans ma grotte et je me demandais où je pourrais bien la regarder. Je ne pouvais tout de même pas sonner à une porte pour demander à voir les nouvelles! Tandis que je marchais, j'avisai un hôtel de l'autre côté de la rue. «C'est ça! m'exclamai-je tout haut. Je vais demander au réceptionniste si je peux regarder le reportage à la télé dans le vestibule.»

La réceptionniste accepta à contrecœur. J'allumai le poste et regardai les nouvelles. J'étais si excité que j'avais du mal à rester assis. Je regrettai de n'avoir pas prévenu des amis, mais c'était trop tard pour cette fois. Juste à ce moment-là, Joe, un ami policier, se gara devant l'hôtel. Je courus dehors et l'attrapai. «Viens par ici, Joe. J'ai quelque chose à te montrer, lui dis-je tout excité.

— Qu'est-ce que c'est? Je suis en tournée et je n'ai pas le temps, protesta-t-il.

— Ça ne prendra que quelques minutes, le rassurai-je. On va voir un criminel du coin à la télévision.

— Ah ouais ? Il leva les sourcils. Qui ça ?

— Tu verras bien », dis-je.

Il fallut regarder un moment et Joe était sur le point de partir, quand un hélicoptère survolant le canyon apparut sur l'écran. « À Tahquitz Canyon, à quelques kilomètres seulement de Palm Springs, se trouve un véritable paradis », commença le commentateur.

« Oh, non ! grognai-je. Ils indiquent où se trouve ma grotte ! » Mais je n'y prêtai pas tellement attention à ce moment-là. J'étais trop ravi de me voir marcher le long du sentier, préparer le feu et cuisiner. Je lançai un coup d'œil à Joe. Il était assis au bord de son siège, totalement absorbé par ce qu'il voyait. J'eus l'impression d'être une célébrité. Je me faisais du souci pour la prise de vues sur mon plongeon tout nu dans l'eau, mais les cameramen s'étaient bien débrouillés, comme me l'avait promis le directeur. Je soupirai de soulagement. Quand je prononçai mon petit discours à la fin du reportage, Joe leva les sourcils et me regarda. « Tu es chrétien, Doug ? »

Personne ne m'avait encore posé cette question depuis que je lisais la Bible. Je me demandai si j'avais le droit de dire Oui. « J'essaye », répondis-je.

« Je suis content de l'apprendre ! » Les yeux de Joe pétillaient. « Je suis moniteur à l'école du dimanche. Tiens bon, Cave Man. Tu es sur le bon chemin. »

Par la suite, l'un de mes amis m'apprit qu'il avait regardé les nouvelles trois fois en prison ce jour-là. Je ne le savais pas encore, mais la vie ne serait désormais plus tout à fait la même pour moi.

Quelques jours plus tard, en descendant vers la ville, je rencontrai un randonneur sur le chemin du Cougar. « Bonjour ! Où allez-vous ? » demandai-je.

— Je monte voir un type dans le troisième canyon. Il vit dans une grotte, je l'ai vu à la télé ! » me dit-il avec enthousiasme. Je réussis à ne rien montrer.

« Vraiment ? demandai-je. Qui est-ce ? Parlez-moi de lui. » Il se mit à me parler de moi, en ajoutant des détails que je ne connaissais pas. Finalement, je n'y tins plus.

« Eh bien, mon ami, dis-je, je dois vous avouer quelque chose. Vous savez, cet homme qui vit dans une grotte ?

— Oui ? Il me regarda d'un air interrogateur.

— C'est moi ! C'est moi, le type que vous avez vu à la télé. » Il me regarda et sourit avec affectation.

« Très drôle, dit-il. Vous ne lui ressemblez pas du tout. Je le reconnaîtrais n'importe où ! » Une conversation intéressante s'ensuivit, mais je ne suis toujours pas certain de l'avoir persuadé.

Après cet événement, j'eus constamment des visiteurs. Ils venaient parfois seuls, parfois en groupes. Je leur offrais de mon pain de banane et partageais avec eux mon nouveau bonheur. Je n'avais plus besoin de me demander à qui témoigner. Ma grotte était devenue une attraction touristique ! Dieu savait ce qu'il faisait en permettant au reportage télévisé d'indiquer le lieu où se trouvait ma grotte !

Chapitre 13

Églises au banc d'essai

Dans mon cœur jaillit un désir de plus en plus intense de partager ma foi avec d'autres croyants et je fréquentai des Eglises de la ville. J'aimais me rendre à l'une d'entre elles, appelée la Maison de Josué. C'était plutôt un groupe de foyer. Homer, son propriétaire, nous recevait soit en invités, soit en résidents. Il animait des études bibliques pour faire connaître Dieu aux gens de la rue. Il organisait également des stages de travail, auxquels participaient les résidents.

Nous chantions des cantiques, adressions des prières à Dieu et donnions notre témoignage. Parmi les invités, un groupe de jolies filles accrut mon intérêt pour ce lieu, mais aucune d'elles ne parut très intéressée par ce hippie peu présentable, qui savait si peu ce qu'être chrétien voulait dire. Même si j'appréciais la compagnie de chrétiens en ce lieu, ce n'était pas vraiment une Église.

Homer fréquentait une Église pentecôtiste et nous encourageait à faire de même. Je visitai son Église et plusieurs autres également. Certaines d'entre elles étaient des Eglises charismatiques, dont les membres parlaient en langues. Je fréquentai un lieu appelé Centre de la foi et étudiai avec les Mormons et les Témoins de Jéhovah. Chaque Église enseignait qu'elle était la seule véritable et que les autres étaient dans l'erreur.

Un pasteur déclara : « Si vous ne parlez pas en langues, vous n'avez pas reçu le baptême de l'Esprit. » De retour dans ma grotte, j'étudiai le sujet et appris que le parler en langues était l'un des nombreux dons accordés par l'Esprit. Ce dernier accordait des dons différents selon les gens, mais il n'était nulle part spécifié que le parler en langues était nécessaire à l'effusion de l'Esprit. Le fruit de l'Esprit n'était pas le parler en langues, mais l'amour, la joie, la paix, etc. Je remarquai également que, lors de l'effusion de l'Esprit à la Pentecôte, les apôtres parlaient de vraies langues, comprises par les Juifs en visite. Ils ne louaient pas Dieu dans une sorte de langue céleste dont personne ne comprenait le sens.

J'étais désemparé par les désaccords qui régnaient entre les chrétiens et la façon peu chrétienne dont ils se comportaient parfois entre eux. C'était là quelque chose que je ne parvenais pas à comprendre. La Bible ne dit-elle pas qu'il y a une seule espérance, une seule foi, un seul baptême ? (Ephésiens 4.4,5.) Sûrement qu'ici-bas Dieu possédait une Église, mais laquelle ? Je retournai dans la montagne pour étudier et priai Dieu de m'aider.

Une nuit, tandis que je me tenais devant ma grotte, observant le ciel noir et velouté, pailleté de points étincelants, le royaume de Dieu me sembla très proche. « Comme Dieu est merveilleux d'avoir accroché toutes ces étoiles dans l'espace ! » Je songeai alors à toutes ces Eglises différentes, chacune prétendant être la véritable. Je tombai à genoux et priai. « Seigneur, grâce à toi, je reviens de loin et je sais que j'ai encore un long chemin à faire. Mais il doit exister quelque part une Église qui ne s'appuie que sur la Bible. Peu m'importe laquelle. Si seulement tu me l'indiques, je l'adopterai. » Je demeurai encore un moment agenouillé. La paix inonda mon cœur et je sus cette fois encore que Dieu avait entendu ma prière.

Le lendemain, Glen me rendit visite. Même s'il ne se disait pas chrétien, il était mon ami et je lui confiai mes frustrations. « Que faire ? Telle Église dit une chose, telle autre dit autre chose et toutes prétendent croire en la Bible. J'en ai lu une grande partie, mais je ne la comprends pas toujours. Comment savoir quelle Église est dans le vrai ? » Glen ne dit pas grand-chose. Il semblait être en proie à un conflit intérieur. Quelques jours plus tard, je lisais allongé dans mon hamac, quand Glen apparut de nouveau. Il me tendit un livre.

« Qu'est-ce que c'est ? » demandai-je, en regardant la couverture avec curiosité. On y voyait deux mains entourant le monde. Je lus le titre : *The Great Controversy* (La grande controverse).

« Lis-le, me dit-il simplement.

— Mais, enfin, quelle sorte de livre est-ce ?

— Lis-le, répéta-t-il. Ce livre devrait répondre à un certain nombre de tes questions.

— Oh, d'accord, d'accord ! » acquiesçai-je. Glen ne prononçait jamais beaucoup de mots à la fois.

Après le départ de Glen, j'examinai le livre plus attentivement. Il comportait 678 pages. De toute ma vie, je n'avais jamais lu de livre aussi gros, ni même de moitié ! Bon, je lirai quelques pages pour faire plaisir à Glen. Après tout, je n'avais pas grand-chose d'autre à faire.

Je sautai l'introduction et commençais directement au chapitre premier. L'auteur y décrivait Jérusalem, telle qu'elle s'étendait aux pieds de Jésus. Je fus tout de suite captivé par le récit. L'auteur s'exprimait dans un langage qui ne m'était pas familier. Mon éducation limitée ne m'en rendit pas la lecture aisée. Cependant je continuai, page après page. « Eh bien ! pensais-je, on ne peut nier que l'auteur de ce livre parle avec autorité. » Il y avait de nombreuses références bibliques et le récit s'animait au fur à mesure que les mots défilaient devant mes yeux.

« Mais qui donc a écrit cela ? » me demandai-je une heure ou deux plus tard. Je regardai la couverture et lus le nom de l'auteur : Ellen White. « La Bible excepté, je n'ai jamais rien lu d'aussi intéressant », pensai-je. Je finis par fermer le livre. Tandis que je lisais, allongé, le sommeil m'avait gagné. Je m'endormis, mais les scènes évoquées par ma lecture se mêlèrent à mes rêves. Quand je m'éveillai, je me sentis poussé à lire davantage. Pendant des jours, je me consacrai à cette lecture. Quand je revis Glen, je lui demandai : « Qui est donc cette Ellen White ?

— Une personne que certains disent inspirée.

— C'est aussi mon avis, approuvai-je. On voit bien que Dieu parle par elle. J'aimerais bien la rencontrer un jour.

— Tu retardes un peu. » Glen eut l'ombre d'un sourire. « Elle est morte en 1915.

— Mince ! » J'étais déçu, mais je poursuivis ma lecture et, finalement, la Bible commença à se mettre en place dans ma tête et à prendre davantage de sens. Mon nouveau livre parlait du sabbat, de ce qui se passait après la mort, du combat entre le diable et le Christ et des souffrances traversées par l'Église au Moyen Âge.

En général, je lisais sous un sycomore, allongé sur mon hamac, et je me balançai d'un côté et d'autre en poussant un rocher du pied. C'est là que j'étais le plus à l'aise pour lire. L'ombre y était épaisse et une petite brise soufflait toujours du canyon, même quand le thermomètre grimpait à 48 °C. Je lisais un peu, plongeais dans le petit lac pour me rafraîchir, somnolais un moment, puis reprenais ma lecture plus longuement. Les chapitres du livre suscitèrent en moi une réflexion profonde et je rêvais souvent de ce que j'avais appris. Ils absorbèrent complètement mes pensées et élargirent ma conception de Dieu et de la Bible.

Je crus à plusieurs reprises que je ne finirais jamais un livre aussi gros, mais chaque fois que j'étais sur le point d'abandonner, j'avais l'impression qu'une voix m'exhortait à poursuivre : « Continue, tu vas y arriver. » Au bout de quelques semaines, je parvins au dernier paragraphe, qui m'enchanta :

> « La grande controverse est terminée. Le péché et les pécheurs ne sont plus. L'univers entier est purifié. Dans l'immense création, tous les cœurs battent à la même pulsation d'harmonie et de bonheur. La vie, la lumière et la joie coulent de Celui qui a tout créé vers les espaces infinis. De l'atome le plus imperceptible aux mondes les plus vastes, toutes choses, animées et inanimées, par leur beauté sans ombre et leur joie parfaite, déclarent que Dieu est amour. » — Ellen WHITE, *The Great Controversy*, p. 678.

« Hourra ! » m'écriai-je en sautant sur mes pieds, d'une part parce que j'avais réussi à finir le livre, mais aussi et surtout à cause du triomphe final de Dieu sur Satan et le péché. Je ressentais un tel enthousiasme que c'était presque trop à porter pour moi tout seul. Je grimpai en haut du canyon et rendis le livre à Glen. « Tu en as d'autres, des livres comme ça ? demandai-je.

— Certainement, des quantités. » dit-il. Il avait été élevé dans un foyer chrétien et ses parents lui envoyaient de la littérature chrétienne, espérant ainsi ranimer son intérêt. Dans les mois qui suivirent, je lus : *The Desire of Ages* (biographie commentée de Jésus-Christ), *Steps to Christ* (Vers Jésus), *Patriarchs and Prophets* et *Daniel and the Revelation* (Daniel et l'Apocalypse). Je me régalai de la lecture de la Bible et de ces livres inspirés.

Cependant, j'étais troublé par cette histoire du sabbat, du repos du septième jour. Je ne doutai guère, après avoir lu la Bible et tous ces livres, que le samedi était le jour du sabbat, mais je n'avais pas envie de l'accepter. J'étais déjà suffisamment différent des autres comme cela. Je ne désirais pas empirer les choses en observant le sabbat, quand tout le monde respectait le dimanche. En outre, je ne connaissais pas d'Église qui pratiquait un culte le samedi. Je me dis que j'allais bien trouver une solution. Sûrement que ceux de mes amis qui observaient le dimanche avaient de bonnes raisons de le faire. Je décidai d'interroger dix pasteurs. J'obtins onze réponses.

L'un d'eux expliqua : « Nous ne sommes plus sous la loi. Le sabbat n'est plus obligatoire.

— Oh, m'étonnai-je. Cela veut-il dire qu'il n'est plus nécessaire de respecter les dix commandements ?

— Non, nous obéissons aux neuf autres, admit-il.

— Voulez-vous dire que le seul commandement qu'on peut oublier est justement celui dont Dieu précise qu'il faut se souvenir ? Cela n'a pas de sens ! »

Un autre pasteur avança : « Nous allons à l'Église le dimanche, parce que c'est le jour de la résurrection de Jésus. C'est un nouveau sabbat.

— Bon, alors je veux savoir où, dans la Bible, se trouve ce nouveau commandement, qui ordonnerait d'observer le premier jour de la semaine, répliquai-je. Dites-le moi et je serais heureux de me joindre à votre Église.

— Eh bien, euh, nous, euh, laissez-moi vous expliquer.» Il se tortillait, mal à l'aise et finit par avouer : «Il n'existe pas vraiment de commandement. C'est seulement une tradition.» Mais la tradition ne m'intéressait pas. Jésus avait dit : «Vous rejetez bel et bien le commandement de Dieu pour garder votre tradition.» (Marc 7.9.) Il me fallait l'autorité de la Bible pour valider un tel changement.

Le prédicateur suivant ne manqua pas d'imagination. Il me fournit la raison suivante : «Autrefois, du temps de Josué, quand le soleil se tint immobile, et aux jours d'Ezéchias, quand Dieu fit reculer l'ombre de dix degrés (voir 2 Rois 20.11), nous avons perdu un jour. C'est ainsi que le samedi est devenu le dimanche.

— Ah, je vois. Donc Jésus, quand il est venu, a observé le premier jour au lieu du septième ?» demandai-je. Le prédicateur eut l'air embarrassé. «Je ne sais pas trop», admit-il.

Je rentrai chez moi et je relus l'histoire de la création. Je fis une découverte et, désormais, pour moi, la discussion fut close. Dieu avait béni le septième jour avant même que le péché ne vienne dans le monde. Ce qui signifiait que le sabbat était parfait, comme le monde que Dieu avait créé. Pourquoi Dieu changerait-il quelque chose de parfait ? De plus, Dieu avait rédigé les dix commandements sur des tables de pierre. Or on n'écrit pas sur la pierre quelque chose qu'on projette de supprimer ou de changer ! Je compris qu'un chrétien n'était pas le disciple d'autres chrétiens, mais du Christ. Chaque semaine, Jésus rendait un culte à Dieu le septième jour. Il ne mentionnait jamais le premier. Je suivrais Jésus.

Pourtant je n'étais pas complètement satisfait. Où trouver des gens qui enseignaient l'ensemble des dix commandements ? J'allai voir Glen et le regardai droit dans les yeux. «Dis-moi, existe-t-il une Église où l'on croit à ces choses ? m'enquis-je.

— Certainement. Partout sur la planète, répondit-il.

— Vraiment ? Comment s'appelle-t-elle ?

— L'Église adventiste du septième jour.

— L'Église quoi du septième jour ? Je n'en ai jamais

entendu parler. “Du septième jour”, je comprends, mais que signifie “adventiste”? demandai-je, intrigué.

— Le mot *advent* indique la venue ou l’arrivée de quelque chose. Les adventistes sont des croyants qui espèrent en la seconde venue du Christ.» Je pensai : «Je dois être adventiste. Je crois au retour du Christ.»

«Comment sais-tu tout cela?» l’interrogeai-je. Glen eut l’air un peu embarrassé. «J’ai grandi avec la Bible et tous ces livres. On m’a emmené à l’Église dès ma naissance.

— Tu veux dire que tu connais toutes ces choses et que tu n’en fais rien? m’exclamai-je, ébahi. C’est incroyable.»

Je songeai à toutes les fois où nous avions fumé de la marijuana et bu ensemble. Je ne comprenais pas comment on pouvait à la fois connaître l’amour et le sacrifice magnifiques de Dieu et demeurer indifférent.

«Allons à l’Église samedi prochain!» suggérai-je avec enthousiasme. Je voulais rencontrer ces gens merveilleux.

«Euh, je ne sais pas, Doug. Je ne me sens pas prêt. Vas-y, toi. Tu me raconteras.» Glen était loin de partager mon enthousiasme, parce qu’il savait ce qui m’attendait. J’imaginai une drôle de petite église blanche avec une croix sur le clocher. Les membres, bien sûr, seraient tellement saints que leurs pieds toucheraient à peine le sol. Tous souriraient et chanteraient, une Bible à la main.

Ce sabbat-là, je me levai de bonne heure et j’enfilai ma salopette sale et mes chaussures de randonnée à même mes pieds nus. Je brossai mes longs cheveux, mais sans les attacher en queue de cheval cette fois, même s’ils me touchaient l’épaule. Je ne me rasai pas non plus. Je me contentai de lisser la maigre petite barbe qui me poussait en bas du menton. Ma Bible à la main, je partis en me réjouissant à l’avance.

Je repérai la rue et me dirigeai vers l’adresse que Glen m’avait donnée, mais au lieu d’une petite église de campagne, je découvris un grand bâtiment moderne, situé dans un quartier prospère. Le parking était rempli de voitures luxueuses. Je me hâtai d’entrer. Le tapis rouge s’enfonça sous mes pieds. Les hommes étaient en costumes élégants et les femmes portaient des robes coûteuses et des coiffures sophistiquées. Je n'avais jamais rien lu sur la façon dont un chrétien devait s'habiller et j'eus soudain l'impression que je n'étais vraiment pas à ma place.

Des têtes se tournèrent vers moi et je suis sûr qu'on se demanda si je ne m'étais pas trompé d'adresse. À la porte, un homme me serra la main et dit : « Je suis heureux de vous accueillir ici », mais il avait l'air de jouer un rôle. J'avais fréquenté toute ma vie les gens du spectacle et je savais détecter les faux-semblants. J'entrai quand même et on me dirigea vers un siège au fond de la chapelle.

Le programme en cours ne manquait pas d'intérêt et j'appréciai le récit missionnaire. Lorsque vint le moment de discuter de la leçon de l'Ecole du sabbat, je parcourus le hall avec les autres jusqu'à une pièce ou les chaises étaient placées en cercle. Personne ne me parla, même si quelques personnes m'adressèrent un sourire sincère. Je m'assis et tout le monde prit également place, mais, malgré le grand nombre de personnes, les chaises restèrent vides de chaque côté de moi.

Après quelques mots de bienvenue, le moniteur ouvrit sa Bible et un questionnaire. « La leçon d'aujourd'hui parle de la prophétie des 490 jours de Daniel 9 », commença-t-il. « Magnifique ! » pensai-je. Je venais justement de lire quelque chose là-dessus dans l'ouvrage d'Uriah Smith, *Daniel and the Revelation*.

Après quelques remarques préliminaires, il posa une question : « Quand la prophétie des 490 jours commence-t-elle ? » Soudain, je compris que j'étais à ma place malgré tout. Je savais de quoi parlait le moniteur ! Je me sentis presque éclater, tellement j'avais envie de crier la réponse, mais je pensai qu'il était peut-être plus correct pour un visiteur de se taire.

Je jetai un coup d'œil aux gens distingués assis en cercle. Le moniteur attendit, mais la réponse ne vint pas. Les regards étaient dirigés vers le sol, la porte ou les murs, mais personne ne répondait. Je ne pus me contenir plus longtemps. Je levai la main.

« Oui ? » dit le moniteur en levant les sourcils.

« En 457 avant Jésus-Christ », répondis-je, la gorge sèche. Cela faisait longtemps que je ne m'étais pas retrouvé devant tant de monde.

« Bonne réponse ! répliqua le moniteur, l'air un peu surpris. Et quand cette période s'achève-t-elle ? » questionna-t-il quelques minutes plus tard.

Cette fois, tout le monde regarda le hippie que j'étais. Il était clair que tous attendaient une réponse de moi, aussi pris-je la parole : « En 34 de notre ère.

— Encore une bonne réponse ! » Cette fois, le moniteur n'eut pas l'air aussi surpris, mais je ne comprenais pas pourquoi personne n'avait répondu. N'était-ce pas leur Église et leur religion ? Peut-être les gens faisaient-ils simplement preuve de politesse ou de modestie, ou étaient-ils tous des visiteurs comme moi ?

Ce premier sabbat me déçut un peu, surtout à cause du manque de chaleur et d'amitié. Les autres Eglises s'étaient montrées tellement plus accueillantes, cherchant même à se disputer mes faveurs. Je me demandai si ces adventistes auraient eu la même attitude envers moi s'ils avaient su que mon père était un multimillionnaire. Peut-être avais-je trop attendu d'eux.

Je me rendis à cette Église plusieurs fois, mais n'eus jamais l'impression d'en faire partie, aussi observai-je le sabbat le mieux possible le samedi et me rendis à l'Église le dimanche pour retrouver des frères chrétiens.

Je continuais de parler de ma foi nouvelle à tous ceux qui passaient devant ma grotte, provoquant parfois un petit rassemblement. Glen était impressionné malgré lui. « Je ne sais pas si je devrais te le dire, Doug, me dit-il un jour, mais quand tu parles de Dieu, ton visage s'illumine. »

Ma foi ne faisait que croître. Plus je la mettais à l'épreuve, plus elle se fortifiait. Je discutais souvent avec un ami qui, lui aussi, s'appelait Doug. Il jouait de la guitare, moi de la flûte, et nous faisions la manche ensemble dans la rue. J'étais tellement enthousiasmé par ma nouvelle expérience chrétienne qu'il m'était impossible de me taire.

Nous étions un jour en train de jouer en ville dans le but de recueillir un peu d'argent et, personne ne s'étant arrêté, nous nous sommes mis à discuter. Nous n'avons pas tardé à aborder une nouvelle fois le sujet de la religion.

« Je crois en Dieu, dit Doug, mais pas en Jésus.

— Je peux te prouver que Jésus existe, assurai-je.

— Ah ? Et comment ? demanda-t-il d'un air sceptique.

— De combien d'argent avons-nous besoin maintenant ?

— Deux dollars chacun nous permettraient d'aller manger quelque part.

— Très bien. Je vais tout de suite adresser une prière à Jésus et nous aurons nos quatre dollars. »

Je baissai la tête et dis : « Seigneur, aide-nous à trouver quatre dollars pour que nous puissions nous acheter un bon repas et aide Doug à découvrir que tu existes. Je te le demande au nom de Jésus, amen. »

Nous recommençâmes à jouer et, bientôt, une dame s'arrêta pour écouter. Lorsque nous eûmes terminé, je lui demandai si elle n'avait pas un peu de monnaie.

« Et bien... » Elle réfléchit un moment en silence. « Normalement, je ne fais pas ce genre de chose, mais aujourd'hui, c'est l'anniversaire de mon fils et il a votre âge, à peu près. » Elle fouilla dans son porte-monnaie et en sortit de l'argent. « Quatre dollars, ça vous suffira ? » demanda-t-elle. Je l'assurai que oui ! En s'éloignant, elle dut se demander pourquoi mon ami la fixait d'un air aussi stupéfait, la bouche grande ouverte. Lui aussi, plus tard, accepta Jésus-Christ comme son Sauveur.

Chapitre 14

Si vous ne réussissez pas tout de suite

La première fois que je vis Karyn, nous n'avions pas plus de quinze ans. Elle se trouvait avec un groupe de filles à la sortie d'une fête et je les aperçus à un coin de rue. Elles riaient, parlaient fort et se comportaient en gamines. Je pensai : « En voilà des hurluberlues ! Jolies mais bêtes. » Je n'attirais pas davantage Karyn. Elle aimait mieux sortir avec des garçons plus âgés possédant une voiture. Par la suite, je la revis une fois ou deux en ville et je me souvins d'elle, mais il se passait tellement de choses dans ma vie !

Cependant, deux ans plus tard, alors que je commençais à lire la Bible, nos chemins se croisèrent de nouveau. Mon ami Rico et moi nous nous étions rendus dans une salle de billard pour jouer et faire les pitres, quand j'aperçus Karyn assise à une table de l'autre côté de la salle, en compagnie d'une autre fille. Cette dernière était la petite amie de Rico. Ils nous présentèrent l'un à l'autre, puis se dirigèrent vers le bar en nous laissant seuls. Nous ne nous attendions ni l'un ni l'autre à cette situation embarrassante.

« Tu veux faire un billard ? demandai-je.

— Pas vraiment, répondit-elle.

— Bon, alors sortons », suggérai-je. Je lui ouvris la porte et nous partîmes. Nous nous promenâmes en bavardant. En passant devant un magasin de vins, j'entrai et j'achetai une bouteille, c'était plus fort que moi.

« Allons au parc et asseyons-nous dans un endroit frais, proposai-je. J'ai acheté de quoi nous rafraîchir.

— Non merci, Doug. Je ne bois plus, opposa-t-elle.

— Comment ça, tu ne bois plus ? m'exclamai-je, incrédule. Tout le monde boit ! » Mais elle tint bon.

« Je suppose que tu lis aussi la Bible ? » demandai-je d'un ton mi-sarcastique.

Elle s'arrêta et me regarda avec surprise. « Oui, c'est vrai, je lis la Bible. Comment as-tu deviné ?

— Je ne sais pas. Sans doute en additionnant deux et deux. C'est drôle quand même, continuai-je, moi aussi, je lis la Bible. » Nous marchâmes longtemps dans la nuit fraîche du désert, en discutant Bible et religion. Plus nous parlions et plus nous trouvions de sujets de conversation.

Nous nous vîmes souvent après cette soirée et, quelques semaines plus tard, nous étions mariés. Nous nous installâmes en ville, mais nous n'aimions pas cette vie. Un jour, nous mîmes nos affaires dans nos sacs à dos et nous partîmes en stop en remontant la côte californienne vers le nord. Nous ne savions pas où aller et prenions notre temps. Quelquefois, nous dormions le long des sorties d'autoroute. C'est le système d'arrosage qui nous réveillait, à cinq heures du matin. Un jour, nous quittâmes la route près de Big Sur, en Californie, pour aller dormir dans les bois. Quand nous nous réveillâmes, l'un des gardiens du parc se tenait au-dessus de nous. « Peu m'importe que vous campiez ici, dit-il, seulement ça ne vous plaira peut-être pas d'apprendre que vous êtes allongés au milieu des chênes vénéneux. » Le reste de la semaine fut très désagréable !

À Ukiah, en Californie, un jeune couple s'arrêta pour nous prendre. « Où allez-vous ? demanda le chauffeur.

— Nous ne savons pas vraiment, dis-je. Nous prions Dieu de nous l'indiquer. Où allez-vous ? » Un peu surpris, le conducteur répondit : « Vous n'aimeriez pas l'endroit où nous allons. C'est un trou perdu, une petite ville appelée Covelo, au cœur de la forêt nationale.

— Hum. On y trouve des grottes, là-haut ?

— Je suppose, répondit le jeune homme.

— Et des églises ? demanda Karyn.

— Il n'y a que ça, répondit sa femme. Il n'y a même pas de théâtre en ville. »

Karyn et moi nous nous sentîmes poussés à aller à Covelo et nous fûmes tout de suite touchés par la beauté des montagnes couvertes de pins. Pendant quelque temps, nous habitâmes une grotte dans la forêt nationale et nous cherchâmes un terrain. Nous ne tardâmes pas à trouver l'endroit que nous voulions. Mais nous n'avions pas d'argent. Je ne trouvai que du travail saisonnier. À la fin de l'été, nous fûmes obligés de retourner à Palm Springs pour que je subvienne aux besoins de ma petite famille, car nous allions bientôt être parents.

Je travaillai ici et là pendant un temps, mais ne trouvai rien de très satisfaisant. Finalement, je devins grossiste en viande. Je compris rapidement que j'étais l'un des trois maillons d'une chaîne commerciale et que je pouvais gagner davantage en supprimant l'un des intermédiaires.

Mon père m'aida à acheter une bonne petite Volkswagen d'occasion. Je n'avais encore jamais possédé de voiture et ne savais pratiquement rien de la façon dont je devais l'entretenir. Je croyais qu'on mettait l'huile dans le radiateur, mais la Volkswagen n'avait pas de radiateur ! Je ne tardai pas à apprendre.

Je fis peindre sur le côté de la voiture : « Doug Batchelor, grossiste en steaks de premier choix ». Après avoir fait imprimer ma carte professionnelle et pris un certain nombre de contacts, j'installai un réfrigérateur à l'arrière de ma « coccinelle ». J'achetai un morceau de bœuf et un ami me montra comment le découper en steaks. Je revendis les steaks à un prix de gros et mon commerce devint rapidement prospère. Les affaires marchèrent dès le début.

J'appris un certain nombre de choses intéressantes pendant ma brève expérience dans la boucherie. Un jour, une cliente me demanda si je pouvais lui procurer un premier choix de viande de porc. Je connaissais les différentes qualités de la viande de bœuf. J'avais vu afficher les diverses qualités de poulets, mais j'avais besoin de me renseigner en ce qui concernait le porc.

J'allai trouver l'un de mes amis bouchers. Il écouta ma question et se mit à rire. « Le ministère de l'agriculture pense qu'on ne devrait même pas donner cette viande aux chiens. Elle ne risque pas d'avoir de label. Elle grouille de vermine. Certaines brochures conseillent aux consommateurs de bien la cuire pour tuer toutes les larves de trichine.

— Berk ! » J'étais écœuré. Je me souvins alors avoir lu quelque chose dans la Bible au sujet de la viande de porc. Des prédicateurs m'avaient dit que ces lois n'étaient plus valables, mais cela n'avait pas de sens. Le corps humain ne réagissait-il pas de la même façon aujourd'hui qu'à l'époque des Hébreux ? N'était-il pas toujours sujet aux maladies et aux parasites ?

L'expérience m'en apprit davantage. Puisque je vendais du bœuf de premier choix, je décidai de consommer mes propres produits. Je ne tardai pas à manger du steak de New York au petit déjeuner, de la côte de bœuf à midi et du filet mignon au dîner. Je remarquai alors que je me sentais constamment épuisé et sans énergie. Mon comportement changea également. Le soir, je regardais la télévision en mangeant un litre de glace à moi tout seul ! Ma vie spirituelle s'affaiblit et je résistai moins à la tentation.

La nourriture que je me préparais à la grotte, composée de riz, de haricots, de pain et de fruits m'avait donné force et vigueur. Pour la première fois de ma vie, je réalisai l'effet de l'alimentation sur le bien-être physique, spirituel et moral. Je gagnais bien ma vie dans la boucherie et, pourtant, Karyn et moi ne parvenions pas à mettre de l'argent de côté. Plus nous gagnions et plus nous dépensions.

« Tentons une seconde fois notre chance à Covelo, lui dis-je un jour. Je crois que, cette fois, nous y arriverons. » Nous échangeâmes notre Volkswagen contre un vieux Ford, un camion-benne en mauvais état. En le soignant bien, nous réussîmes à franchir les neuf cents kilomètres qui nous séparaient de Covelo. Nous trouvâmes soixante-quatre hectares de terrain vierge de toute beauté, que nous réussîmes à acheter selon les termes qui nous convenaient.

Nous vécûmes sous la tente le temps de construire une petite maison sur notre propriété, avec du bois de récupération. Ce n'était pas un château, mais elle était à nous et nous nous y plaisions beaucoup ! Je mis sur pied une petite entreprise de bois de chauffage.

Nous commençâmes par fréquenter une Église presbytérienne, mais je ne pouvais pas oublier le sabbat et d'autres choses. Il y avait, juste en face de l'Église presbytérienne, une Église adventiste du septième jour et je me demandais si la congrégation nous témoignerait davantage de chaleur. J'avais rencontré un type appelé Duane qui appréciait les Eglises et la religion. Aussi, un samedi, nous décidâmes d'aller à l'Église adventiste. Karyn choisit de rester à la maison avec Rachel, notre nouvelle petite fille.

Ce matin-là, j'éprouvai un mélange d'impatience joyeuse et d'appréhension. « Et s'ils ne sont pas accueillants ? Et s'ils n'aiment pas ma tenue ? Tant pis. C'est le jour du sabbat et j'ai autant qu'eux le droit d'y assister ! » Ce matin-là quand je m'habillai, un esprit de provocation s'empara de moi. Je ressortis ma vieille salopette, que j'assortis à une chemise usagée, et je coiffai mes cheveux en queue de cheval. Je sautai sur ma moto et démarrai en trombe pour aller chercher Duane. À cette époque, le fait de porter de vieux blue-jeans déchirés était considéré comme « cool » et c'est vraiment ce dont il avait l'air. L'une des poches arrière de son jean pendait, révélant un coin de peau nue et, donc, une absence de sous-vêtements. Je me sentis gêné pour lui, mais gardai ce sentiment pour moi.

Un homme souriant nous attendait à la porte et nous donna une solide poignée de main. Il nous souhaita la bienvenue avec chaleur et nous invita à l'intérieur, où une adorable vieille dame nous serra la main et nous demanda de signer un livre d'or. Nous entrâmes dans la salle du culte et nous nous assîmes, tout en observant les gens qui continuaient d'arriver. Ce jour-là, je vis beaucoup de cheveux gris et de têtes chauves.

Un couple entra et s'avança jusqu'au banc qui se trouvait devant nous, mais, avant de s'asseoir, l'homme et la femme se tournèrent vers nous, se présentèrent et nous serrèrent la main. Ce matin-là, le sermon parut jaillir spontanément du cœur du vieux pasteur. Sa chaleur et sa sincérité me touchèrent. Je bus ses paroles de vie comme un homme assoiffé perdu dans un désert.

Après le culte, les gens se pressèrent autour de nous, nous souhaitant la bienvenue et nous invitant à déjeuner. Personne ne parut remarquer nos vêtements et je commençai à me sentir un peu embarrassé. Duane et moi étions tellement submergés d'invitations et d'attentions que nous ne savions que faire. Finalement, c'est le vieux pasteur, Joe Phillips, et sa femme qui nous emmenèrent chez eux. Je suis sûr que ces braves gens étaient loin de se douter qu'un jour le hippie, que j'étais, deviendrait leur pasteur!

Nous nous assîmes devant un repas très sain, composé d'un gâteau végétarien, de pommes de terre, de deux ou trois sortes de légumes, de pain complet fait maison, d'une salade et d'une tarte aux pommes! «Servez-vous, insistait le pasteur Joe. Ma femme est la meilleure cuisinière de la ville et vous la blesseriez en ne mangeant pas!» Elle ne risquait pas d'être blessée ce jour-là, car nous avons pratiquement vidé tous les plats qui se trouvaient sur la table. Nos hôtes eurent l'air à la fois ébahis et contents.

Après le repas, le pasteur Joe dit : «Et si nous allions tous dans le salon pour faire une étude biblique?» J'accueillis cette idée avec plaisir. J'eus tôt fait d'ouvrir ma Bible et d'entrer dans une grande conversation sur les Ecritures avec le pasteur et Mme Phillips. Mais Duane s'endormit dans un fauteuil.

Le sabbat suivant, Karyn vint au culte avec moi, à la suite de quoi, nous nous y rendîmes tous les sabbats. Le pasteur et sa femme nous invitaient pour le déjeuner et, l'après-midi, nous étudions la Bible. Cependant, le pasteur avait à peine abordé un sujet que je réalisais que je l'avais déjà étudié par moi-même. Quand nous étudiâmes Daniel et l'Apocalypse, ni les bêtes, ni les cornes, ni même leurs dates n'avaient de secret pour moi. Un jour, le pasteur Joe déclara : «Doug, tu es presque prêt pour le baptême.

— Comment ça, presque? Je suis prêt dès maintenant. Je crois en tout ce que cette Église enseigne.»

Il hésita. «Et le tabac, Doug? Tu es prêt à y renoncer?»

C'était à mon tour d'hésiter. « C'est vrai, je ne sais pas trop. Je ne vois pas le rapport avec l'amour de Dieu. J'ai renoncé à mes vices les plus affreux, la marijuana, la boisson, les drogues, le vol et le mensonge. Mais ce n'est pas bien grave de fumer. Vous savez, je ne fume qu'un demi-paquet par jour. En tout cas, je sais que le Seigneur m'aime et répond à mes prières.

— C'est vrai, Doug, il t'aime, répondit patiemment le pasteur Joe. Et il t'enseigne et te conduit pas à pas. Mais tant que tu ne peux pas te passer de cigarettes, tu es enchaîné au diable. Peux-tu imaginer Jésus soufflant la fumée de sa cigarette dans le visage de son interlocuteur tandis qu'il lui parle de l'amour du Père ? »

Jésus était mon modèle et l'imaginer en train de fumer une cigarette me parut si ridicule que j'éclatai de rire.

« Tu vois, continua le pasteur, le baptême est une nouvelle naissance et le Seigneur ne veut pas que ses enfants fument. Tu aimerais cela toi, Doug ?

— Euh, vu sous cet angle, non », admis-je.

Je me souvins du combat que j'avais mené pour arrêter de boire. J'avais argumenté avec le Seigneur. « Mais, Seigneur, ça m'amuse de boire ! » Et le Seigneur avait répondu : « Alors vas-y, Doug, bois. » Je ne veux pas dire que le Seigneur était content que je boive. Mais il ne voulait pas me forcer à arrêter. Peu à peu, je commençai à voir le mal que je me faisais en buvant. Je me réveillais en prison, ou bien j'étais malade toute la journée et je vomissais, ou je m'éveillai pour découvrir que j'avais fait l'idiot et embarrassé quelqu'un que j'aimais.

Un jour, je m'aperçus que j'avais démoli une voiture qui ne m'appartenait pas. J'entendis le Seigneur me dire : « Alors, tu t'amuses bien, Doug ? » Je finis par comprendre que Dieu désirait seulement que les chrétiens renoncent à ce qui leur faisait du mal, physiquement ou spirituellement. Alors, je cessai de boire. Mais je sus tout de suite qu'il me serait plus difficile d'arrêter de fumer. Karyn en perdit l'habitude assez facilement. Le docteur lui avait expliqué que son bébé était né prématurément parce qu'elle fumait.

« Fumer n'est pas seulement dangereux pour vous, disait-il, mais aussi pour votre enfant. »

Un jour, en entrant dans la chambre, Karyn aperçut la cigarette qu'elle avait laissée sur le cendrier. La fumée se dirigeait juste au-dessus du berceau où dormait notre petite Rachel. « Oh, qu'est-ce que je fais ! s'exclama-t-elle. Non seulement j'abîme mes poumons mais j'abîme aussi ceux de mon bébé ! » Depuis, elle ne fuma plus une cigarette. Karyn fut baptisée sans moi.

C'est peut-être facile d'arrêter pour certaines personnes, mais pour d'autres, le démon de la cigarette se débat et hurle avant de céder. Je luttai avec moi-même, cherchant à rassembler suffisamment de courage pour y parvenir. Un jour, je dis : « Demain, j'arrête. » Je jetai mes cigarettes et j'essayai de les oublier. Mais, le lendemain, l'envie de fumer était tellement forte que mes mains en tremblaient. Je sortis en hâte en acheter. « Voilà de l'argent jeté par les fenêtres », me dis-je. Je fumai la moitié du paquet pendant les heures qui suivirent, mais ma conscience ne cessa de me hanter. « C'est bon, c'est bon, je vais essayer encore une fois. » Le combat fit rage en moi pendant des mois.

J'aimais l'Église adventiste parce qu'elle se battait pour quelque chose. J'aurais pu rejoindre n'importe quelle Église sans avoir besoin d'arrêter de boire ou de fumer, mais je savais que si je voulais faire partie de l'Église adventiste, il me fallait prendre ma croix et suivre Jésus. Je fis mienne l'une des devises favorites du pasteur Joe : « Quand on ne se bat pas pour quelque chose, n'importe quoi fait chuter. » Je désirais désespérément devenir adventiste, mais cela me prit un certain temps.

Quelques semaines plus tard, alors que j'étais au volant de mon vieux camion, j'entendis un bruit sec, suivi d'un sifflement, puis d'un « flap ! flap ! » caractéristique. « Oh non, pas encore ! » soupirai-je. C'était mon deuxième pneu crevé ce jour-là. Mon camion tombait en ruine sous mes yeux. En vingt-quatre heures, l'un des phares avant, puis le hayon étaient tombés et le moteur s'était mis à fumer. Tout en plaçant le cric et en retirant le pneu, je pensai aux publicités sur les nouveaux Datsun. Comme j'en désirais un! Je me mis à rêver. Si j'avais l'argent nécessaire, j'en achèterais un avec une grande cabine pour ma famille, qui augmentait, un Datsun quatre-quatre avec cinq vitesses, un treuil à l'avant et un plateau à l'arrière, pour pouvoir transporter du bois.

Je serrai le dernier écrou, remis en place l'enjoliveur et fis démarrer le moteur, mais n'oubliai pas le Datsun. Finalement, je m'exclamai : «Seigneur, j'arrêterais même de fumer si tu me donnais un camion pareil!»

Je n'irais pas jusqu'à dire que j'ai clairement entendu la voix de Dieu, encore qu'il s'est souvent adressé à ma conscience, mais j'entendis soudain l'écho d'une voix dans la cabine de mon vieux camion. «Tu arrêterais de fumer pour un camion, mais pas pour moi?»

Stupéfait, j'attendis quelques minutes pour voir si cela ne se reproduisait pas. Puis je pensai : «Jésus est mort sur la croix pour moi et il me demande seulement de renoncer à ce qui me fait du mal. Et pourtant, je ne veux pas arrêter de fumer pour lui.» J'avais tellement besoin de ce camion. «Oh, Seigneur, pardonne-moi! m'écriai-je. Je ne voulais pas dire cela. Aide-moi à ne plus jamais fumer!»

Quand je rentrai chez moi, je pris mes cigarettes et les jetai dans la remise, parce que je savais que je n'irais pas les chercher là. Par la grâce de Dieu, je n'ai jamais fumé depuis. Je fus baptisé deux semaines plus tard.

Exactement dix ans plus tard, le Seigneur m'accorda un Datsun quatre-quatre, muni d'un treuil, d'une grande cabine et de cinq vitesses. Il avait même pensé à ajouter des fenêtres électriques et un indicateur de vitesse! Mais, demandai-je, «Seigneur, pourquoi seulement au bout de dix ans?» Il me répondit que c'était le temps que j'avais mis pour économiser suffisamment sur les paquets de cigarettes pour me l'acheter.

Chapitre 15

Moi? un prédicateur?

Depuis le jour où, dans ma grotte, j'avais accepté le Seigneur, je n'avais cessé de parler autour de moi de l'amour de Dieu. Je dirigeais pratiquement toutes les conversations vers la religion et ce que Dieu avait fait pour moi. J'en parlais au garagiste, aux hippies, aux gens de la rue, aux auto-stoppeurs, à mes voisins, bref, à tout le monde. Quand le pasteur annonça à l'Église, peu après mon baptême, que des réunions d'évangélisation commenceraient deux semaines plus tard, je songeai à tous ces gens à qui j'avais parlé de Dieu et dont un grand nombre semblait aspirer à la paix et à la joie que je ressentais. Je pris la décision de les inviter aux réunions.

Le soir où les réunions débutèrent, notre petite Église était bondée. Je me tins à la porte et guettai les amis que j'avais invités. Un grand nombre de mes voisins de la montagne étaient là et continuèrent de venir chaque soir. Quand vint la première cérémonie de baptême, dix des douze personnes faisaient partie des amis que j'avais invités et avec qui j'avais étudié. «Quelle joie de servir Dieu! pensai-je. Ce bonheur-là, au moins, ne donne pas la gueule de bois!»

Un jour, le pasteur Joe m'aborda. «Veux-tu prêcher pour nous, Doug? Ton amour pour Dieu et ton enthousiasme touchent les cœurs, alors pourquoi ne pas en faire part aux gens du haut de la chaire?» Je me sentis soudain intimidé. Moi, prêcher? «Oh non, pasteur! Je ne suis pas le type qu'il vous faut. Je n'ai pas la culture nécessaire et je ne saurais pas quoi dire. Non, pasteur, c'est impossible.

— Il n'est pas nécessaire d'avoir été à l'université, insista-t-il. Tu devras juste te lever et dire ce que Dieu a fait pour toi. C'est tout!

— Oh, je ne peux absolument pas faire ça ! » répondis-je avec emphase.

Le pasteur laissa tomber le sujet quelque temps, mais il avait semé une idée dans mon esprit et le Saint-Esprit la cultiva. Quand il remit la question sur le tapis, j'offris moins de résistance et je finis par accepter.

Même si je vis jusqu'à cent ans, je n'oublierai jamais ce premier « sermon » que je prêchai ! Je ne possédais même pas de costume et j'oubliai de mettre une cravate, mais ce ne furent pas mes vêtements qui m'embarrassèrent. Je demeurai assis nerveusement sur l'estrade en attendant la minute de vérité. Je transpirais des mains et mon cœur battait la chamade. Quand enfin je me levai pour parler, je posai ma Bible devant moi et saisis les bords du pupitre. J'étais content de pouvoir me cacher derrière, afin que le public ne puisse voir mes genoux s'entrechoquer.

Quand j'ouvris la bouche pour parler, je ne reconnus pas ma propre voix. J'avalai ma salive et me léchai les lèvres constamment tellement j'avais la gorge sèche. Oh, les chères personnes ! Que Dieu les bénisse, car elles m'accordèrent toute leur attention. Le pasteur et Mme Phillips étaient assis au premier rang et approuvaient de la tête en disant : « Amen », chaque fois que j'avançais un argument. Ces réactions à mes pauvres paroles m'encouragèrent à continuer et j'allai jusqu'au bout sans savoir comment. Quand je serrai les mains à la porte ce jour-là, de nombreuses personnes me dirent, les larmes aux yeux, que mon sermon avait été une bénédiction pour elles.

« Moi ? Une bénédiction ? » pensai-je. Je remarquai que plusieurs des membres qui me complimentaient portaient des appareils auditifs et je me dis que ceux-ci n'avaient sans doute pas fonctionné ce matin-là. Je parlai en chaire assez souvent ensuite, et cela me parut chaque fois un peu plus facile. « Doug, tu devrais suivre des cours de théologie pour te préparer au ministère, m'encouragea le pasteur Phillips. Le Seigneur t'a accordé un don spécial pour ce travail et je sais combien tu aimes partager l'Évangile. Son œuvre a besoin de toi. »

J'étudiai attentivement le bon visage du vieux gentleman. Je pensai : « Si jamais je deviens ministre de Dieu, je veux vous ressembler. » Quelle source d'inspiration il avait été pour moi ! Je répondis : « Entendu, Pasteur Joe. Prions à ce sujet. » Finalement, je partis suivre des cours.

Cher vieux papa ! Il avait toujours voulu que je fasse des études et il fut content de m'aider, même s'il s'agissait d'études de théologie ! Pendant six mois, je suivis les cours du Southwestern Adventist College de Keene, dans le Texas. Ce fut l'une des rares choses que je fis vraiment bien dans ma vie. J'avais tellement fait l'idiot à l'école que je ne me croyais guère brillant. Mais à Southwestern, je raflai les meilleures notes. Je savais maintenant que j'étais capable d'apprendre quand je le voulais vraiment.

À la bibliothèque, je repérai un livre intitulé *The Autobiography of Benjamin Franklin*. Je fus stupéfait d'apprendre que cet homme célèbre abandonna l'école et s'enfuit de chez lui. Pourtant il apprit à parler et à écrire sept langues différentes. Il fut l'inventeur des verres à double foyer, du poêle Franklin, de notre système postal, des bibliothèques publiques et des brigades de pompiers. Il fit des découvertes sur l'électricité, créa des journaux et des revues, et fut le premier ambassadeur des Etats-Unis en France. Et, pour couronner le tout, il était végétarien ! Je songeai : « S'il a réussi à apprendre par lui-même, je peux le faire moi aussi. » Jésus a promis que je peux « tout par lui » (Philippiens 4.13).

Depuis que je suis chrétien, j'ai appris un grand nombre de choses, comme jamais je ne l'aurais cru possible, y compris à jouer de la flûte, de la guitare, de l'harmonica, du piano et de la trompette. Je me suis initié à l'espagnol, à l'aviation, au maniement du char à voile et j'ai appris à chanter, même si mes amis me suppliaient d'y renoncer !

Après mes études, je travaillai au Texas avec le pasteur Marvin Moore. De grande taille et amical, il ressemblait à Abraham Lincoln. Nous organisâmes ensemble des séminaires sur l'Apocalypse. Nous formions une bonne équipe, et le Seigneur bénit nos efforts. Il y eut de nombreux baptêmes. Plus tard, cette année-là, je fus invité à rejoindre la célèbre chorale d'évangélisation des Heritage Singers, en tant qu'orateur. Et je travaillais toujours le chant !

Dieu savait ce qu'il faisait, car tandis que, soir après soir, je racontais au public, lors des concerts donnés par les Heritage Singers, ce que Dieu avait fait pour moi, invitant les gens à suivre Jésus, mes dernières peurs s'évanouirent. Dix-huit mois à parler en public cinq fois par semaine me permirent de compenser largement tout ce qui m'avait manqué dans le domaine de l'éducation.

Chapitre 16

Histoires d'Indiens

Un jour où je me trouvais dans le bureau des Heritage Singers, le téléphone sonna. « Leroy Moore à l'appareil, dit une voix. Je suis responsable de l'œuvre adventiste auprès des Indiens d'Amérique du Nord. J'ai entendu parler de vos succès dans le domaine de l'évangélisation. Aimeriez-vous venir travailler à La Vida Mission pour les Navajos ? »

Je songeai au séjour que j'avais fait parmi les Indiens lorsque je vivais avec mon oncle au Nouveau-Mexique. J'avais aimé ces gens, mais il y avait des choses que je voulais oublier.

« Je regrette, monsieur Moore, répondis-je. Nous venons de charger le camion et nous sommes sur le point de partir en Californie. Je travaille pour les Heritage Singers.

— Je vois. » Il y eut un moment de silence. « Eh bien, puisque de toute façon vous devez traverser le Nouveau-Mexique, pourquoi ne pas vous arrêter à La Vida Mission et nous rendre au moins une petite visite ? Nous vous hébergerons pour la nuit.

— Merci, M. Moore. Nous nous arrêterons et je vais prier au sujet de votre offre. Je vous recontacterai. »

J'avais déjà décidé que cette proposition ne nous intéressait pas, mais Dieu l'entendait autrement. Juste avant d'arriver, notre camion se mit à ballotter d'une drôle de façon en faisant un bruit inhabituel.

« Heureusement que nous sommes presque arrivés, dis-je à Karyn, le camion ne tourne plus rond. » Nous arrivâmes à la mission quelques minutes plus tard et, tandis que nous nous garions dans la cour, une roue se détacha ! De tous les endroits où nous aurions pu tomber en panne au cours de ce voyage de trois mille kilomètres, c'est juste dans la cour de la mission que cela se produisait!

« Vous avez besoin de nouveaux cardans », me dit l'un des employés de la mission. Il avait retiré une roue et me montrait les parties usées.

« Il y en a pour combien de temps ? m'enquis-je.

— Un bon moment, je suppose, répliqua l'homme. Les petits garages du coin n'ont pas grand-chose. Il leur faudra sans doute commander les pièces à Albuquerque. Au moins deux jours, je dirais. » Je soupirai.

« Eh bien, cela nous donnera le temps de réfléchir. » Quand Karyn et moi prîmes conscience des besoins des Navajos, nous comprîmes que Dieu nous voulait auprès d'eux. « Nous restons », annonçai-je à Leroy peu après.

La mission avait acheté une vieille maison à Waterflow, dans le Nouveau-Mexique, qui devait devenir notre nouvelle demeure car nous devions créer une Église à cet endroit. Mais les gens qui l'occupaient n'étaient pas encore partis. Ils n'avaient même pas encore fini de faire leurs bagages. Ils laissèrent derrière eux des vieux meubles, du matériel irrécupérable et des immondices. Ils abandonnèrent même leurs assiettes sales sur la table. Il nous fallut un mois pour tout nettoyer et repeindre, mais cela fut assez réussi. Notre nouvelle demeure, au moins, était spacieuse.

Non loin de nous un *mobile home*, immense caravane appartenant à la mission, était loué à une famille indienne. Leur « cour », jonchée de cannettes de bières, était révélatrice. Il était difficile d'apercevoir un arbre dans cet environnement désertique parsemé de huttes au toit plat, sentinelles silencieuses d'un monde désolé.

Les débuts de notre travail furent modestes. Nous transformâmes une ancienne boutique de hamburgers en salle de réunion et nous organisâmes un séminaire sur l'Apocalypse sous une tente. Le Seigneur bénit nos efforts et l'œuvre progressa. Bientôt, une centaine de personnes s'entassait dans ce petit bâtiment.

La mission n'était qu'à une centaine de kilomètres du commerce de mon oncle et je pensais souvent à lui, à sa famille et à certains de mes amis. Un jour, une camionnette en mauvais état entra en cahotant dans la cour où je travaillais. Elle n'était pas très vieille, mais elle n'était guère présentable. Elle avait les portes cabossées, l'une d'elles étant maintenue fermée à l'aide d'une sangle, le pare-brise était cassé et les pneus lisses. La porte s'ouvrit et un Indien en descendit lentement en trébuchant. Ses cheveux longs pendaient en mèches, il avait le visage luisant et plein de cicatrices, les yeux cernés et une bedaine. Je lui donnai environ la cinquantaine. Il s'avança vers moi en boitant et examina les alentours avec circonspection.

« Connaissez-vous un type appelé Doug Batchelor ? » demanda-t-il. Je fus surpris de l'entendre prononcer mon nom ! Je l'observai intensément, mais rien ne me révéla son identité. « C'est moi-même », répondis-je, très intrigué.

Il hésita un instant en me dévisageant avec attention, puis son visage s'éclaira. « Doug ! Doug ! s'écria-t-il. Tu te souviens de moi ? C'est moi, Ken ! » Il tituba jusqu'à moi et m'embrassa en me serrant très fort. Je lui rendis son étreinte, hésitant à le reconnaître.

« Ken ? répétai-je.

— Ouais ! Ken Platero, tu te souviens ? Nous faisions de la moto ensemble, quand tu vivais chez ton oncle. »

Soudain, la lumière se fit dans mon esprit. C'était mon copain de beuverie, celui que j'avais persuadé d'aller au bar avec moi. Celui qui m'avait dit : « Boire n'amène que des problèmes. »

« C'est bien toi ! Je ne t'avais pas reconnu, admis-je. Cela fait longtemps déjà, dix ans environ.

— Quelque chose comme ça. J'ai entendu dire par ton oncle que tu étais ici. Il paraît que tu es devenu chrétien. C'est vrai ?

— C'est vrai, Ken. Je suis adventiste du septième jour.

— J'en suis si content. » Il semblait parler du fond du cœur. « J'ai besoin de Dieu dans ma vie. Je n'ai que des ennuis ! » Son front se plissa d'inquiétude et je sus au soupir qu'il poussa qu'il ne plaisantait pas.

« Quelles sortes d'ennuis ? questionnai-je.

— Ma femme me quitte. J'ai des problèmes avec la loi et ma vie n'est qu'un gâchis.» Il paraissait si triste.

«J'ai besoin du Seigneur, lâcha-t-il.

— Je comprends ce que tu ressens, commençai-je. Je suis le pire des pécheurs. Prions ensemble.» Nous nous agenouillâmes dans la cour et je priai pour lui et sa famille. Des larmes coulaient le long de son visage tandis que nous nous relevions. Il prit ma main dans les siennes.

«Je viendrai à ton Église. Je veux que tu continues à prier pour moi et pour ma famille.

— Je t'attends, Ken. Et je prierai toujours pour toi.

— Tu es le meilleur ami que j'ai jamais eu!» lança-t-il en montant dans sa camionnette.

Tandis qu'il démarrait, je pensai : «Non, Ken. J'ai été ton pire ennemi. C'est moi qui t'ai mis sur cette mauvaise pente. Oh, Seigneur, qu'ai-je fait? m'écriai-je. Ai-je donc détruit la vie d'un homme par mon mauvais exemple, quand j'étais jeune et insensé?»

Je ne revis jamais Ken. J'espérai en vain qu'il parviendrait à se rendre à l'une de nos réunions. J'essayai de découvrir où il habitait. Peut-être ne me donnai-je pas assez de mal. Son souvenir était si douloureux. «Seigneur, priai-je, si je peux d'une manière ou d'une autre réparer le mal que je lui ai fait, je t'en prie, montre-moi comment!»

Tout en priant, je me tenais devant le *mobile home* qui se trouvait à côté de ma maison. Quels gens vivaient là? Karyn et moi savions qu'ils avaient trois enfants. C'était des gens intelligents, au physique agréable. Plus tard, nous apprîmes qu'ils s'appelaient Tom et Alaice Begay. Elle avait une bonne place dans l'informatique et travaillait également comme secrétaire. Quand à lui, il avait été au Vietnam, parlait couramment le navajo et l'anglais, et possédait de brillants talents d'électricien. Mais, ce jour-là, tandis que je me tenais dans la cour et priais, ils restaient pour moi des inconnus.

Nous avions cherché à établir un contact et à nous montrer de bons voisins. Karyn avait fait du pain et des gâteaux, et les avaient amenés jusqu'à leur porte. Alaice entrouvrait à peine celle-ci, souriait et les acceptait poliment, puis refermait la porte. Chaque fois que nous les croisions, nous leur disions bonjour ou agitions la main, mais ils restaient sur la réserve. Nous nous demandions ce qu'ils avaient.

Puis, un soir, nous entendîmes cogner frénétiquement à la porte. La sonnette retentit et les coups recommencèrent avant que j'eusse atteint la porte. Je l'ouvris aussi vite que je pus et vis Tracy, onze ans, l'aînée des trois enfants de nos voisins. Elle avait l'air terrifiée. « Venez vite ! supplia-t-elle. Mon père est en train de tuer ma mère ! »

J'hésitai une demi-seconde, tandis que mon esprit travaillait à toute vitesse. Je me demandai si je ne devais pas éviter de me mêler des affaires de mes voisins et appeler la police, mais dans ce cas, je perdais toute chance de leur faire connaître l'Évangile. Je bondis au-dehors, traversai la cour en courant, et cognai à la porte du *mobile home*. J'entendis des cris et des bruits de bagarre à l'intérieur. Je compris que personne ne viendrait m'ouvrir, aussi je l'ouvris en la poussant d'un coup sec et entrai.

L'homme était adossé contre un mur de la pièce, hors d'haleine. Il fixait sa femme d'un regard furieux. Elle était assise par terre, elle se tenait le nez et la bouche d'où coulait du sang, en sanglotant et en gémissant. Sa joue brune était meurtrie et enflée. L'homme regarda à peine dans ma direction quand j'entrai dans la pièce. Il gardait les yeux fixés sur elle, hurlant et jurant, tantôt en anglais, tantôt en navajo. Il lui lança un coup de poing et la manqua. Elle hurla en reculant. Il recommença et la manqua à nouveau. Je compris qu'il cherchait seulement à l'intimider et non à la frapper. Il régnait dans la pièce un fort relent d'alcool.

Je ne pouvais pas rester là à regarder, alors je m'avançai entre eux et aidai la femme à se relever.

« Ah, tu appelles le prédicateur au secours ? grogna-t-il.

— Arrêtez ! lançai-je. Laissez-la tranquille !

— Ah ouais ? Qui vous a invité ? Sortez d'ici ! »

Je tins bon. « Je cherche seulement à vous aider, expliquai-je calmement. J'aurais pu appeler la police, mais je ne l'ai pas fait, parce que ce n'est pas une façon de régler ces problèmes. Si vous la haïssez autant, partez, mais cessez de la frapper.

— C'est de sa faute ! » hurla-t-il. Ils se mirent à se faire des reproches et Tom recommença à vouloir la frapper.

Je ne mesure qu'un mètre soixante-quinze et Tom un mètre quatre-vingt-six, mais je lui fis une belle prise en glissant mes bras sous ses aisselles et en entrelaçant fermement mes doigts derrière son cou. Quand elle vit qu'il ne pouvait pas se dégager, elle l'attaqua et se mit à lui tirer les cheveux.

« Ça suffit ! » criai-je. Je le lançai contre un mur et elle contre un autre — ce qui ne fut pas très difficile, étant donné qu'ils étaient tous les deux à moitié soûls — et je me plaçai entre eux. Nous restâmes un moment immobiles, la poitrine haletante. Les deux plus jeunes enfants pleuraient doucement, blottis dans un coin. Quand nous fûmes un peu calmés, je proposai : « Pourquoi ne pas s'asseoir et discuter comme des êtres raisonnables ? »

Ils trébuchèrent jusqu'au salon et s'assirent. Ils étaient tous deux bien habillés, ou l'avaient été, apparemment, pour se rendre à une soirée. Ils n'avaient guère envie de parler, mais je décidai de ne pas m'en aller tant que l'un d'entre eux ne serait pas sorti. Quelques minutes plus tard, Alaice se leva et s'en alla, les enfants à sa suite.

Leur secret étant désormais dévoilé, Karyn et moi ne tardâmes pas à découvrir que c'était l'une des familles les plus célèbres du coin. Elle faisait la Une des faits divers depuis des années. Alaice était séduisante et encline à flirter, et tous deux buvaient. Ils étaient jaloux l'un de l'autre et se querellaient lorsqu'ils buvaient.

Je me demandais ce que je devais faire. Allais-je en parler à la mission et les faire partir ? Si je faisais cela, je perdais tout espoir de les gagner au Christ. Qu'aurait fait Jésus ? Je me dis qu'il aurait été leur ami. « Bon, Seigneur, je vais essayer », pensai-je.

Quand Tom eut des ennuis pour avoir tiré sur un homme qui l'avait insulté, je me rendis au tribunal avec lui. Et lorsqu'il fut en prison, je l'aidai à en sortir.

Karyn s'ingénia à donner à Alaice et ses enfants des témoignages d'amitié. Elle leur fit des gâteaux et les invita à une petite fête. Quelquefois, quand les choses allaient mal, Alaice et les enfants, ou parfois seulement les enfants, venaient se réfugier dans notre maison, d'où ils observaient les événements. Deux ou trois voitures de police, leurs gyrophares bleus et rouges en action, s'arrêtaient dans leur cour, tandis que des policiers en sortaient et pénétraient chez eux pour arbitrer les bagarres.

Un soir, j'étais absent de la maison pour assister à une réunion d'évangélisation. Karyn lisait au lit quand la porte arrière de notre chambre s'ouvrit soudain et Alaice entra en courant. Elle jeta un coup d'œil à Karyn, et lança : « Excuse-moi ! » avant de repartir aussitôt.

Quelques secondes plus tard, Tom entrait en trombe à sa recherche, un balai à la main. Karyn ne sortit même pas de son lit. Nous avions l'habitude de ces scènes. Le monde entier semblait avoir perdu ses couleurs à cause de leurs beuveries et de leurs disputes.

Tom demeurait sobre pendant quelques semaines et se trouvait un travail bien rémunéré. Puis il se remettait à boire. Non seulement il dépensait tout son argent, mais il devenait également violent. Un jour, il démolit sa nouvelle voiture. Une autre fois, il jeta un objet sur leur grand et luxueux poste de télévision et le cassa.

Souvent, quand Tom était sobre, j'allais chez lui et lui parlais de l'amour de Dieu. Au début, il restait sur la défensive, mais je me contentais de me montrer amical et de lui rendre visite. Il comprit qu'on l'aimait bien et se mit à nous écouter. Il s'intéressait au spirituel. Il avait lu des ouvrages chrétiens et s'était parfois même rendu à l'église.

Des amis baptistes lui avaient enseigné un certain nombre de choses sur le christianisme, mais il avait besoin d'apprendre ce que signifiait suivre Jésus, combien il était important d'étudier la Bible, de rendre à Dieu un culte privé, d'éduquer ses enfants et de prier avec eux. C'étaient là des concepts nouveaux pour lui. Nous mîmes en place un autre séminaire sur l'Apocalypse et je formai le vœu que Tom et sa famille viennent. J'abordai le sujet un jour. « Tom, lui dis-je, tu as une dette envers moi.

— Qu'est-ce que tu veux dire ?

— Je suis allé au tribunal avec toi, je t'ai soutenu, j'ai écarté la police et j'ai été un bon voisin. Maintenant, j'ai une faveur à te demander.

— D'accord, Doug, qu'est-ce que tu veux ?

— Je veux que tu viennes à mes réunions, lui dis-je. Nous étudierons le livre de l'Apocalypse et je suis sûr que cela te plaira.

— Oh non, Doug. Je ne peux pas faire ça.

— Pourquoi pas ? répliquai-je. Pourquoi ne pas venir juste un soir ou deux ? Si cela ne te plaît pas, tu n'es pas obligé de revenir.

— C'est bon, je viendrai, acquiesca-t-il.

— C'est promis ? m'assurai-je.

— C'est promis. »

Je savais qu'il fallait en profiter quand il était sobre. Les autres Eglises ne se montraient guère encourageantes. « Vous n'y arriverez pas avec les Navajos, nous prévinrent-elles. Vous aurez de la chance s'il y en a cinquante qui se déplacent. Attendez-vous plutôt à dix ou quinze personnes. »

« Prévoyons une centaine de personnes, proposai-je à ma petite Église. Le bras du Seigneur est puissant. Il nous bénira. » Nous priâmes pour un public de cent personnes.

Le premier soir, 375 personnes se pressaient dans la salle, sans compter les enfants ! « Je n'ai jamais rien vu d'aussi spectaculaire en ce qui concerne les Indiens d'Amérique, nous dit Leroy Moore. C'est incroyable comme, tout d'un coup, ces gens ont envie d'entendre l'Évangile ! »

Mais notre joie fut à son comble quand Tom et Alaice arrivèrent avec leurs trois enfants. Les gens se pressaient à l'entrée et notre pauvre équipe était débordée par le nombre d'inscriptions.

« Est-ce que je peux t'aider ? » demanda Alaice à Karyn, qui travaillait avec frénésie.

« Bien sûr ! » répondit ma femme avec gratitude en libérant un coin de table.

Au fil des réunions, nous observâmes avec intérêt les changements qui se produisaient dans cette famille. Alaice sourit la première, puis ce fut le tour des enfants. Tom et Alaice, et même Tracy, leur aînée, apportèrent leur contribution aux débats suscités par les questions/réponses.

Ils s'asseyaient au premier rang. Je les observais tandis qu'ils étudiaient, réfléchissaient et rédigeaient leurs réponses. Au cours des discussions, ils levaient la main, ou parfois répondaient directement.

Les réunions eurent lieu six soirs par semaine pendant six semaines. Un soir, la place habituelle de Tom était vide quand je commençai à prêcher. J'eus le cœur lourd et m'exclamai-je en moi-même : « Oh, Seigneur, ne permet pas qu'il boive ! » Lorsqu'il entra quelques minutes plus tard et s'assit avec sa famille, je soupirai de soulagement.

Je remarquai également des changements dans leur foyer. Un jour, je regardais par la fenêtre. Tom et Alaice ramassaient les cannettes de bière et les mettaient dans des sacs plastiques. Puis ils ratissèrent et nettoyèrent la cour. Quelques jours plus tard, en regardant dehors, Karyn et moi vîmes toute la famille rassemblée en train de retourner la terre pour faire un jardin. Tom et Alaice s'arrosaient avec le tuyau d'arrosage. Les enfants coururent vers leur père et crièrent : « Arrosez-nous aussi ! » Tom dirigea le tuyau vers eux et, bientôt, tout le monde fut trempé. L'air retentissait de leurs rires.

Quel contraste ! Avant le début du séminaire sur l'Apocalypse, je n'avais jamais vu les enfants sourire en présence de leurs parents, encore moins rire. Ils ne voulaient même pas jouer dans leur cour. Ils venaient jouer chez nous.

Un sabbat, ils nous firent la surprise de venir à l'Ecole du sabbat et au culte. Toute la famille nous frappa par son bon goût vestimentaire et son air avenant, qu'il s'agisse de Tom, Alaice, ou de chacun des enfants.

À la fin du séminaire, près de cent personnes exprimèrent leur foi nouvelle et leur désir d'être baptisées. On nous avait dit qu'il ne fallait pas être pressé de baptiser des Navajos. « C'est un peuple plein de gentillesse qui aime faire plaisir, nous dit Leroy. Assurez-vous que c'est le Saint-Esprit qui pousse ces gens à se faire baptiser, et pas seulement le désir de faire plaisir. »

Aussi, avons-nous rendu visite à chaque personne avant d'organiser des baptêmes, ce qui, bien sûr, nous prit du temps. Pendant cette période d'attente, nous continuâmes à donner des réunions, et Tom et Alaice vinrent régulièrement chaque sabbat. Un jour, mon interprète me fit défaut. Comment faire ? Je ne parlais guère le navajo et beaucoup de personnes âgées ne comprenaient pas l'anglais.

« C'est moi qui traduirai », proposa Tom. Et c'est ce qu'il fit. Des larmes me montèrent aux yeux quand je vis tous ces gens penchés en avant sur leurs sièges pour ne pas perdre une parole, tandis que Tom se tenait devant la classe, le visage rayonnant. Il ne se contenta pas de traduire. Il leur donna un enseignement. Je ne sais pas qui de nous deux était le plus heureux.

Tom et Alaice furent baptisés quelques mois plus tard et notre monde retrouva ses couleurs. Tout cela grâce à la Bonne Nouvelle, qui avait transformé cette famille !

Chapitre 17

Retour à la maison

La porte se referma en claquant derrière moi, tandis que j'entrais en hâte dans la maison. « Qui veut aller à Covelo ? » annonçai-je à la ronde. Les enfants accoururent : « Moi ! Moi ! » s'écrièrent-ils en chœur. Karyn, après avoir mis au four la dernière fournée de pain, se tourna vers moi, les yeux pétillants.

« Par quel heureux hasard partons-nous à Covelo ? demanda-t-elle.

— J'ai eu un coup de fil de Dave. J'ai des affaires à traiter concernant notre maison. Combien de temps te faut-il pour tout préparer ?

— Nous ne pouvons pas partir tant que le pain n'est pas cuit, répondit Karyn, mais je peux commencer tout de suite à faire les bagages.

— C'est trop tôt, rassurai-je. Nous ne partirons que demain matin, de bonne heure. »

Le lendemain, tout le monde sauta hors du lit au premier appel et, au lever du jour, nous roulions déjà.

« Irons-nous voir le pasteur Joe et Mme Phillips ? » demanda Micah au moment où nous prenions l'autoroute. Nos enfants affectionnaient beaucoup les Phillips et les considéraient comme des grands-parents.

« Bien sûr ! assurai-je. Nous reverrons toute notre "famille" de l'Église ! »

À l'idée de rentrer chez nous, nous nous réjouissions à l'avance et le bruit de bavardages joyeux remplissait la voiture. Mais, vers le milieu de l'après-midi, les conversations se calmèrent et tout le monde se mit à sommeiller. Je restai seul avec mes pensées tandis que la voiture dévorait les kilomètres.

Les Phillips. Leur souvenir évoquait pour moi tant de moments de bonheur ! Comme ils nous avaient aidés et comme ils avaient changé notre vie ! « C'est sans doute à cause de la manière, si concrète, dont ils vivent leur religion », pensai-je. Je repensai à un épisode datant du début de nos relations avec les Phillips.

« Comment faire ? dis-je à Karyn un jour. Pour vendre du bois, j'ai besoin d'une scie à ruban. C'est la seule façon dont je pourrais gagner assez d'argent pour rembourser les prêts du terrain. La banque n'a rien voulu savoir.

— Pourquoi ? Que t'a-t-elle dit ? s'enquit-elle.

— Qu'elle ne pouvait pas m'avancer d'argent si je n'avais rien sur mon compte. » Si je n'avais pas été un homme, j'en aurais pleuré. Allai-je perdre le terrain avant même d'avoir fait le premier remboursement ?

« Mais comment peux-tu avoir de l'argent sur ton compte sans en emprunter ? » s'exclama-t-elle. L'inquiétude inondait ses yeux.

« C'est ce que je leur ai demandé ! rétorquai-je. Peine perdue. Je ne leur inspirais pas confiance. Pour eux, je ne suis qu'un sale hippie. »

Mais, lorsque le pasteur Joe eut vent de mes ennuis, il n'hésita pas. Il plongea la main dans sa poche, en sortit son chéquier et se mit à écrire.

« Vous me rembourserez quand vous le pourrez », dit-il. En souriant, il me tendit un chèque de trois cents dollars. J'en restai bouche bée d'étonnement. Cet homme me connaissait à peine ! Je pris la décision de faire de ce remboursement une priorité et je tins parole.

Le pasteur Phillips s'était installé à Covelo avant ma naissance. Il y avait construit une chapelle et, par la suite, une école. Certains pasteurs considèrent le ministère comme un métier doté d'une bonne retraite, mais pas le pasteur Joe. Il refusa l'idée d'être à la retraite. Il voulait travailler pour le Seigneur jusqu'à sa mort.

Je ne pouvais m'empêcher d'être impressionné par sa façon de vivre. Alors qu'il avait plus de quatre-vingts ans, il retourna à Covelo et construisit lui-même sa maison, avec de l'aide, bien sûr, mais en abattant le même travail que les autres, transportant le bois d'œuvre et accomplissant les mêmes tâches qu'un homme de cinquante ans.

« Cela a peut-être un rapport avec son alimentation végétarienne », avais-je confié à Karyn un jour. Je songeai aux magnifiques légumes qu'ils cultivaient. Ils vivaient presque uniquement de leur jardin, pour deux raisons. Pour leur santé, d'une part, mais également, et c'était tout aussi important pour eux, parce qu'ainsi, ils économisaient de l'argent. Moins ils dépensaient pour leur nourriture et plus ils avaient d'argent pour faire connaître l'Évangile. Ils donnaient plus de la moitié de leur petit revenu à divers ministères et projets !

Je savais que les prières de cet homme consacré à Dieu m'avaient beaucoup aidé à prendre position pour le Christ. Joe et Miriam Phillips possédaient une liste de plus de cinquante personnes pour lesquelles Joe priait chaque matin. Il citait chaque personne par son nom, priait pour son problème particulier et son bien-être, et passait un très grand nombre d'heures avec sa Bible. Je suis certain que là résidait le secret de sa force spirituelle. Il n'y avait en lui aucune trace d'impatience, ni de colère et il conservait toujours un comportement emprunt de bonté et de gentillesse, même dans les circonstances les plus stressantes.

Et Mme Phillips ! Quel témoignage magnifique que celui de sa vie ! Elle travaillait toujours au côté de son mari et participa même à la construction de leur maison. Je me rappelle quand son mari la heurta violemment en faisant pivoter une longue poutrelle qu'il portait sur l'épaule. « Joe ! » se contenta-t-elle de dire.

« Oh, pardon, ma chérie ! » s'exclama-t-il. Et tous deux retournèrent à leur tâche. Je ris tout haut à ce souvenir.

« Qu'est-ce qui te fait rire ? demanda Karyn en s'éveillant de son somme.

— Oh, je pensais juste aux Phillips, dis-je.

— Quel couple merveilleux, n'est-ce pas ?

— Depuis l'époque où Mme Phillips a épousé le pasteur Joe, je suis sûr que son ange gardien a été obligé de travailler très dur. Tu te rappelles quand il l'a presque renversée en reculant la voiture ?

— Oui, je m'en souviens ! acquiesça-t-elle. Ils me font penser aux films de Laurel et Hardy que je regardais quand j'étais petite fille.

— Oui, c'est une bonne comparaison. Tu te souviens de la fois où nous avons vu une voiture rouler sur l'autoroute en sens inverse ? C'était les Phillips !

— Si je m'en souviens ! Quelle panique ! » Karyn riait de bon cœur. « Cela nous parait drôle aujourd'hui, mais ils auraient pu se tuer. Quel couple adorable ! Elle doit avoir une tête de plus que lui et quand elle rit, sa bouche s'élargit jusqu'aux oreilles. »

Je souris à cette pensée. « Mme Phillips est la seule personne que j'aie jamais vue se lever au milieu d'un sermon pour interrompre le prédicateur, ajoutai-je.

— Mais elle ne le fait pas sans délicatesse. » Karyn se hâtait de prendre sa défense. « J'aime la façon dont elle ferme les yeux et cite les Ecritures sans se tromper.

— Oui, et son visage rayonne. J'ai toujours l'impression de recevoir un message venu tout droit du ciel.

— Je crois que tout le monde a cette impression. On s'arrête pour l'écouter de tout son cœur, renchérit Karyn. En tout cas, le pasteur Joe a l'air d'apprécier. »

Le voyage jusqu'en Californie fut éprouvant. Nous roulâmes quasiment sans arrêt et nous fûmes soulagés d'apercevoir nos montagnes d'origine en nous garant dans la cour. Nous descendîmes, les membres raides. « Tout le monde emporte quelque chose à l'intérieur », rappelai-je aux enfants, qui se ruaient vers la porte.

À Covelo, le temps passa trop vite. Nous avions tellement à faire et si peu de temps à notre disposition ! Mais nous avons passé un bon moment avec les Phillips.

« Hé ! regarde qui voilà ! » cria le pasteur à sa femme, tandis qu'il sortait en hâte de chez lui pour nous accueillir. Après des embrassades, des rires et un « Comme tu as grandi ! » de la part de nos hôtes à chaque enfant, nous entrâmes tous dans la maison.

Une odeur de pommes cuites remplissait l'intérieur. Mme Phillips était en train de faire une sauce aux pommes et le pasteur Joe l'aidait à éplucher. « Ne vous arrêtez pas pour nous, dit Karyn, nous allons tous venir vous aider dans la cuisine. » Mme Phillips nous donna un tablier à chacun et j'aidai à éplucher et à vider les pommes.

« Vous avez l'air en pleine forme ! lançai-je au pasteur Joe. Cela vous fait quel âge, maintenant ?

— Quatre-vingt-treize ans, Doug. Je n'en ai plus pour très longtemps.

— Vous m'impressionnez ! » avouai-je en hochant la tête.

Il s'arrêta d'éplucher et se pencha par-dessus la table. « Doug, je ne suis plus bon à grand-chose, tu sais. Éplucher et retirer le trognon de cette pomme me demande toute mon énergie, mais je veux faire le plus de choses possibles, aussi longtemps que possible, pour autant de personnes que possible et aussi souvent que possible. » Ces paroles me firent presque venir les larmes aux yeux, parce que je savais qu'il ne plaisantait pas. Il avait consacré sa vie au bonheur et au service d'autrui.

Avec la participation de nous quatre, les pommes furent bientôt prêtes. Nous nous lavâmes les mains et nous assîmes autour de la table.

« Doug », dit Pasteur Joe en me regardant en face, les yeux humides, « le Seigneur t'appelle au ministère. Non que je le pense, j'en suis certain. Je ne sais pas comment cela se produira et, c'est sûr, avec une femme et des enfants, ce n'est pas facile. Mais si Dieu t'appelle, c'est son problème. Il veillera à tout.

— Je l'espère » répondis-je. Je songeai à toutes les occasions que j'avais gâchées. Je n'étais guère prêt pour le ministère, étant donné mon peu d'éducation !

« J'en suis tellement certain, continua le pasteur Joe, que je t'ai légué tous mes livres. Viens voir ma bibliothèque. » Nous nous levâmes et nous entrâmes dans son bureau ; les dames nous suivirent. Je vis des quantités d'étagères aux livres soigneusement alignés.

« D'où viennent tous ces livres ? » demandai-je.

« Oh, de divers endroits. N'oublie pas que je suis dans le ministère depuis plus de soixante ans. On a tendance à beaucoup accumuler pendant tant de temps.

— Oui, de plus il a été président d'une fédération de missions et a énormément voyagé, ajouta Mme Phillips. Partout où il allait, il achetait un livre. »

Je sifflai doucement. Il y avait là assez de livres pour trois vies entières !

« Pour combien de temps êtes-vous là ? Serez-vous là pour le sabbat ? » demanda le pasteur.

— Oui, nous serons là pour le sabbat, mais nous partons dimanche matin le plus tôt possible, précisai-je.

— Bon ! Alors pourquoi ne prêcherais-tu pas ? Tous tes amis seront contents de t'entendre et de te voir.

— Avec plaisir, pasteur ! » assurai-je.

Après un merveilleux sabbat passé avec des amis, nous retournâmes au Nouveau-Mexique pour continuer le travail entrepris avec les Navajos. Environ deux semaines plus tard, nous reçûmes la nouvelle de la mort du pasteur Phillips. Il était tombé du lit pendant la nuit et n'avait pu se relever. Sa femme avait essayé sans succès de l'aider à se remettre au lit.

« Ne t'en fais pas, lui avait-il dit. Apporte-moi une couverture. Je ne suis pas si mal sur le plancher. » Elle le recouvrit chaudement, espérant trouver de l'aide le lendemain, mais au matin, il était mort. J'étais si heureux de l'avoir revu deux semaines plus tôt.

Un jour, le téléphone sonna. « C'est Richard Schwartz à l'appareil, dit une voix, je suis secrétaire ministériel à la Fédération adventiste de la Californie du Nord. » Je me souvins avoir rencontré cette personne plusieurs fois. « Doug, nous avons entendu parler de vos succès avec les Navajos et nous envisageons la possibilité de votre venue en Californie du Nord pour faire un travail de pastorat et d'évangélisation. Seriez-vous intéressé ? »

Si j'étais intéressé ! Ma maison et mes amis se trouvaient en Californie du Nord. Cela me parut trop beau pour être vrai. Mais je m'efforçai de contenir mon enthousiasme.

« Avez-vous songé à une Église particulière ? » lui demandai-je.

« Oui, me répondit-il. Nous avons songé à deux Eglises. L'une est située dans une petite ville appelée Covelo. Sans doute n'en avez-vous pas entendu parler. »

J'eus un moment de vertige. S'il y avait une Église adventiste, parmi les cent trente existant en Californie du Nord, où j'aurais aimé être pasteur, c'était bien celle-là !

Karyn me donna un coup de coude. « Dis oui ! » souffla-t-elle. Mais même si ma décision était prise, je savais qu'il me fallait d'abord la présenter au Seigneur.

« Nous allons en discuter et prier à ce sujet, dis-je. Je vous recontacterai. »

« Je fais les bagages pendant que tu pries », lança Karyn.

Si ce n'était pas là un miracle, alors je ne savais pas ce que c'était ! J'avais besoin d'une Église comme celle de Covelo, parce que là-bas la congrégation savait que je n'y connaissais rien, mais elle m'aimait quand même. Nos vieux amis furent ravis de mon retour en tant que pasteur.

Quand j'arrivai à Covelo, je découvris à quel point j'ignorais tout du ministère pastoral. Je ne savais même pas comment diriger une réunion du comité d'Église. Je faisais des propositions et je les appuyais ensuite ! Mais on me supporta avec patience et on ne cessa de me témoigner de l'affection. Avec la bénédiction de Dieu, la congrégation se développa et prospéra. Nous achetâmes le terrain voisin et ajoutâmes un bâtiment à la propriété de l'Église.

En plus de mes tâches pastorales, je devais diriger des réunions d'évangélisation. J'organisai la première série de rencontres à Covelo même. Environ cent personnes se présentèrent le premier soir et l'assistance ne diminua guère au cours des fois suivantes. À la fin, douze personnes se prononcèrent pour le Christ et furent baptisées cette année même. Pendant le court ministère que j'exerçai en ce lieu, l'Église vit le nombre de ses membres passer de 86 à 112 personnes. L'évangélisation me demanda de plus en plus de temps et, finalement, je demandai à être dégagé des tâches pastorales pour m'y consacrer à plein temps.

Récemment, je suis retourné à Covelo pour y prêcher un sabbat matin. En observant la congrégation, j'ai vu plusieurs personnes avec lesquelles je me suis senti très proche. Char, par exemple, a été l'une des premières personnes que nous avons rencontrées lorsque nous avons emménagé à Covelo. À l'époque, c'était une hippie comme nous. Je l'ai invitée à nos réunions et elle s'est montrée assidue, comme sa maman, Pauline.

En réponse aux prières de sa grand-mère, Edwina, la petite-fille des Phillips, s'est également rendue aux réunions. Elle est devenue un membre fidèle et Mme Phillips ne cessait de répéter : « Si seulement Joe savait que tu es revenu pour être le pasteur de l'Église qu'il a construite, comme il serait fier de toi ! Si seulement Joe savait que sa petite-fille s'est fait baptiser à la suite de tes réunions, comme il serait heureux ! » Et elle pleurait.

Et il y avait John. Il avait été élevé dans l'Église, mais il l'avait quittée étant jeune homme pour fréquenter une Église presbytérienne pendant presque trente années d'absence. Quand les réunions d'évangélisation ont commencé, il est venu régulièrement et a été la première personne que j'ai baptisée. C'était un membre dynamique qui dirigeait l'une des classes de l'Ecole du sabbat. Il avait épousé la mère de Char.

Et Marta ! La vue de son visage m'a rappelé certains de mes meilleurs souvenirs. C'est une longue histoire, mais elle vaut la peine d'être racontée. Même si je n'étais pas très enthousiaste pour le culte du matin de Pâques, au lever du soleil, pratiqué par les chrétiens de la ville, je décidai de m'y rendre. J'aimais me réunir avec les autres pasteurs de la ville et je ne me lassais jamais du récit de la résurrection. On me demanda si je voulais bien faire la prière matinale, aussi enfilai-je mon costume et ma cravate et je descendis en ville.

Après le service, je montai dans ma voiture et me dirigeai vers la maison, mais en passant à côté du Pentecostal Faith Tabernacle, je sentis que quelque chose me poussait à m'arrêter et à entrer. J'avais l'impression que je devais y prêcher ce jour-là. « Mais enfin, pourquoi ? me demandai-je. Je suis pasteur de l'Église adventiste ! »

Je continuai, mais j'eus le sentiment très net que j'étais en train de désobéir à Dieu, aussi fis-je demi-tour. « Est-ce que mon imagination n'est pas en train de me jouer des tours ? » Je discutai avec moi-même. « Dois-je entrer dans cette Église, m'avancer à grands pas vers l'autel et annoncer au pasteur : "Le Seigneur m'a dit que je devais prêcher ici ce matin, alors vous pouvez aller vous asseoir" ? Je dois être fatigué ! » Je dépassai le bâtiment une nouvelle fois.

Je ne peux dire combien de fois je passai devant, argumentant avec moi-même et priant pour que Dieu me dirige. Je finis par rentrer chez moi pour prendre mon petit déjeuner. Je défis ma cravate et la posai sur le buffet. Je me dirigeai vers le réfrigérateur et pris une banane, mais le même sentiment revint et j'eus l'impression de m'être enfui, comme Jonas. « Je n'y comprends rien, Seigneur, mais j'ai vraiment l'impression que je dois y aller. » Alors je remis ma cravate et me dirigeai vers la porte.

« Où vas-tu ? » me demanda Karyn.

« À l'Église », répondis-je.

« Ah ? » dit-elle pour tout commentaire. Elle ne se montra pas surprise, car je me comportais parfois de manière inattendue. Je retournai au Faith Tabernacle et me garai devant. Quand j'entrai, je constatai que le culte avait commencé et que le pasteur venait d'inviter la congrégation à s'agenouiller pour demander l'effusion de l'Esprit avant la prédication. Je me glissai sur un banc au fond de l'église et m'agenouillai.

Dans un culte pentecôtiste, les gens ne prient pas comme dans la plupart des autres Eglises. Ils prient un long moment, et pas seulement dans leur cœur. Certaines personnes prient tout haut, d'autres marmonnent, d'autres encore prient en langues. Ma voisine me donna l'impression de discuter de motos japonaises. Quant à moi, je demandais au Seigneur de me faire savoir si c'était bien lui et non mon imagination qui m'avait amené là. Pendant que je priais, une image mentale se présenta à moi, m'indiquant qu'à la fin de la prière, le pasteur me demanderait de venir et de prêcher. « Mais que vais-je dire ? » pensai-je, tandis qu'agenouillé je priais. C'est alors qu'un sermon entier sur Marie-Madeleine, symbole de l'Église, me vint à l'esprit, comme si on m'en donnait le texte.

Les prières atteignirent un crescendo, puis se calmèrent au fur et à mesure qu'un à un, les membres se rasseyaient. Je me relevai et je m'assis. Le pasteur Ray Hull monta sur l'estrade, dirigea son regard droit sur moi et dit : « Je vois que notre frère adventiste est parmi nous aujourd'hui. Pasteur, avez-vous quelques mots à dire de la part du Seigneur ce matin ? »

Je savais qu'il voulait dire : « Avez-vous un témoignage à donner ? » Mon cœur se mit à battre la chamade, mais je cachai mon excitation. Je me levai aussi calmement que je pus. « Vous connaissez la chanson, pasteur, m'excusai-je. Nous, les prédicateurs, il nous est difficile de dire seulement quelques mots. » Je souris, mais avant que j'aie eu le temps de me rasseoir, il reprit aussitôt.

« Alors, pourquoi ne pas venir prêcher ? » Mon cœur recommença à battre furieusement dans ma poitrine et je pensai : « Je dois rêver. » En m'avançant vers l'autel, ma Bible à la main, jamais je n'avais été aussi sûr d'être exactement là où Dieu me voulait, à cause de la façon étonnante dont il m'avait conduit dans cette église. Je savais qu'il me dirigerait et me dirait quels mots prononcer.

Je marchai, comme dans un rêve, jusqu'à la chaire et j'ouvris ma Bible au chapitre huit de Jean. J'avais l'impression que tout cela n'était qu'une répétition. Je commençai à évoquer la femme adultère et les mots me vinrent facilement, presque sans effort de ma part. J'entendis s'élever de la congrégation de nombreux « Amen », « Loué soit le Seigneur ! » et « Oui mon frère » ! Je sus que le public m'approuvait et j'en eus le cœur réchauffé. (Je voudrais que les Eglises adventistes agissent plus souvent ainsi !)

À la fin de ma prédication, je lançai un appel à venir à l'autel. De nombreuses personnes s'approchèrent et nous priâmes ensemble. Quand les derniers membres se furent dispersés, le pasteur Hull se tourna vers moi, des larmes sur les joues. « Pasteur Doug, dit-il d'une voix étranglée, c'est Dieu qui vous envoie ce matin. »

Comment avait-il deviné ?

« J'ai été malade, continua-t-il. Je ne savais pas comment j'allais prêcher, alors j'ai prié à ce sujet. J'ai demandé à ma femme, mais elle était terrifiée à l'idée de prêcher. Alors, vous voyez, frère Doug, Dieu vous a envoyé en réponse à ma prière. »

Je suis persuadé depuis ce jour qu'on trouve des membres du peuple de Dieu dans toutes les Eglises, quelles que soient leurs croyances et leurs doctrines. Dieu entend leurs prières et y répond et, avant le retour de Jésus, nous serons tous réunis en un seul corps, gardant « les commandements de Dieu et la foi de Jésus » (Apocalypse 14.12). Ce jour-là, avant mon départ, le pasteur m'invita à revenir, ce que je promis.

C'est ainsi que je rencontrai Marta. Quand je revins dans cette Église, je remarquai une dame espagnole assise devant moi. Il était clair qu'elle ne parlait pas anglais, aussi ai-je prié pour que le Seigneur me permette de lui donner un témoignage d'amitié. À peine ma courte prière terminée, le pasteur dit : « Maintenant, levez-vous et serrez la main des gens qui vous entourent. » Dieu m'offrait l'occasion demandée, aussi, tandis que tout le monde se serrait la main, je dis : *« Como esta usted, hermana ? »* (Comment allez-vous, ma sœur ?) Un ami mexicain qui avait vécu avec moi m'avait appris quelques mots d'espagnol.

Quand la dame reconnut sa propre langue, elle m'adressa un grand sourire. Elle se mit à me parler espagnol bien plus vite que je ne pouvais comprendre. Je levai la main : « *Despacio*, dis-je. *Mas lento !* (Parlez plus lentement) » Puis, dans un espagnol hésitant, je lui demandai : « Comprenez-vous ce qui se dit ici ?

— Non. Mais c'est la maison de Dieu, alors je viens.

— Je vais à l'Église le samedi et plusieurs de nos membres parlent espagnol. Venez nous voir samedi prochain », l'invitai-je.

«*Gracias, señor*», répondit-elle et, le sabbat suivant, elle ne manqua pas de venir à mon Église. Bientôt, elle amenait ses enfants. Aujourd'hui, elle et ses enfants sont des membres fidèles et ces derniers fréquentent notre petite école d'Église. C'est pourquoi, ce sabbat-là, quand j'observai notre assemblée adventiste, je me réjouis d'y apercevoir Marta et ses enfants.

Peu de temps après, un soir où nous nous rendions à une réunion de prière, nous vîmes une ambulance devant la maison de Mme Phillips. Elle avait eu une attaque et elle mourut quelques jours plus tard, sans avoir repris connaissance. Sa petite-fille trouva sa Bible sur la table à côté de son fauteuil, avec le questionnaire de la semaine. C'était arrivé un mercredi et elle avait répondu aux questions de son écriture tremblante. Les derniers mots qu'elle avait écrits ce matin-là étaient : «Nous ne mourrons pas.»

Tous meurent de la première mort, bien sûr, mais les justes ne connaîtront pas la seconde mort mentionnée dans Apocalypse 20. Mme Phillips avait là-dessus une confiance absolue. J'eus le privilège de diriger le service des funérailles. L'Église était bondée d'amis et de voisins et il y avait des fleurs partout. On aurait presque dit une fête. Une grande «guerrière» venait de remporter la victoire sur le péché et de déposer les armes. Elle gisait en paix, hors de portée de Satan. Je n'éprouvais pas vraiment de peine. En fait, je l'enviais. Elle se réveillera à la voix de Jésus l'appelant à se lever du tombeau, comme il est promis dans 1 Thessaloniciens 4.16,17. Elle sentira la pulsation de la vie éternelle courir dans son corps immortel et elle retrouvera son Joe bien-aimé. Quelle belle rencontre ce sera! Ensemble, ils fouleront les rues en or de la ville glorieuse décrite dans les deux derniers chapitres de la Bible.

Après l'enterrement, je rendis visite à son fils. Il n'avait toujours pas donné son cœur au Seigneur et j'espérais pouvoir lui dire quelques mots d'encouragement.

«Votre maman vous aimait beaucoup, elle priait pour vous tous les jours, dis-je. Elle a prié pour vous jusqu'à son dernier souffle.

— Oui, je sais, dit-il. Mais il est inutile de continuer à vous fatiguer pour moi. »

Comment toucher le cœur de ce macho qui jurait et buvait sec ? « Si vous m'aviez connu il y a quelques années, vous n'auriez jamais pensé que je deviendrais chrétien. Vos parents y sont pour une grande part. C'était vraiment des saints, témoignai-je.

— Je sais. C'était des saints », dit-il doucement. Il baissa les yeux et tripota son chapeau. « Mais ils n'ont pas toujours été ainsi. Ils le sont devenus. »

C'est à moi que ces mots-là donnèrent de l'espoir. Moi aussi, je pouvais devenir un saint.

Lorsque je contemple l'exemple parfait de Jésus, je me dis : « J'ai encore un long chemin devant moi », mais quand je regarde en arrière et que je vois d'où il m'a sorti, cela me donne du courage. Je sais qu'il n'en a pas encore fini avec moi. Si je le lui permets, il terminera ce qu'il a entrepris et, un jour, il me prendra auprès de lui.

Chapitre 18

Un rocher indestructible

Je me rendis avec ma famille en Californie du Sud pour de brèves vacances. Nous trouvâmes un bon petit hôtel à Desert Hot Spring avec une vue magnifique sur la montagne qui, autrefois, m'avait hébergé. « Papa, grimpons voir ta grotte. » Micah, mon deuxième enfant et l'aîné des garçons, était fasciné par les récits de grottes. Rachel préférait aller en course avec sa maman et Daniel, cinq ans, était bien trop jeune pour une randonnée aussi fatigante.

De bonne heure le lendemain matin, Karyn nous déposa, Micah et moi, à Palm Springs avec nos sacs à dos. En traversant la ville, je remarquai combien tout avait changé. Le vieux Mayfair Market était fermé et clôturé. Mes amis des rues étaient partis. La Faith Center Church, où nous avions l'habitude d'aller, avait déménagé. Même le canyon me parut différent lorsque nous commençâmes à grimper.

Cela faisait huit ans que je n'avais pris ce sentier. Il y avait eu, depuis, un incendie sur le mont San Jacinto et, dans la région, un tremblement de terre de moyenne ampleur et une inondation. Des arbres qui, autrefois, servaient de repères, n'étaient plus que des moignons noircis. En de nombreux endroits, la vieille piste avait été lessivée et tracée ailleurs. Même le ruisseau avait changé de lit.

Micah n'avait que sept ans, mais il persévérait à la façon d'un petit soldat, ne se plaignant jamais de la chaleur, ni du poids du petit sac à dos qu'il portait.

À mi-hauteur dans la montagne, je désignai de la main un endroit : « Nous nous arrêterons là, à Square Pool, dis-je. C'est un superbe endroit pour s'arrêter et faire un plongeon, nager un peu et se rafraîchir. » Mais lorsque nous y arrivâmes, nous découvrîmes que le point d'eau était rempli de sable. Nous le traversâmes pour aller nous doucher sous la cascade qui coulait non loin. Je me demandai si ma grotte serait toujours là. Qu'allions-nous découvrir ?

Après avoir grimpé pendant environ deux heures et demie, nous atteignîmes le point le plus haut de notre équipée, situé à environ mille mètres au-dessus de Palm Springs, avec une vue panoramique sur toutes les villes du désert. Nous nous assîmes pendant dix minutes environ pour contempler cette scène magnifique. Nous en profitâmes également pour boire.

Après ce court repos, nous remîmes nos sacs sur nos épaules et nous commençâmes à descendre vers la troisième vallée. Le paysage redevint familier et mon cœur se mit à battre plus vite, davantage parce que j'étais excité qu'à cause de l'effort. Après avoir passé la crête et posé le regard sur la troisième vallée qui s'étendait devant nous, je m'arrêtai un moment pour reprendre souffle et contempler la scène.

« Qu'est-ce que tu regardes, papa ? » demanda Micah.

« Mon rocher », répondis-je doucement.

À cet endroit, nous étions environnés de rochers et ma déclaration aurait pu paraître étrange. Mais, dans la vallée, un seul rocher se distinguait pour moi entre tous les autres, comme un ballon dans une boîte de billes.

J'avais vécu à l'ombre de ce gigantesque roc pendant un an et demi. Des centaines de fois, après avoir escaladé mille mètres de montagne désertique et désolée sous l'un des climats les plus chauds de la terre, j'étais passé de l'autre côté de la crête et j'avais aperçu « mon rocher ». Il représentait pour moi le repos et la fraîcheur. Je savais, en le voyant, que je serais bientôt chez moi, où m'attendaient l'eau et la nourriture. Dans ces montagnes, les tremblements de terre étaient assez fréquents, provoquant des chutes de terre et de pierres qui dégringolaient le long de la montagne dans toutes les directions, mais je n'avais jamais eu peur à l'abri de « mon rocher ».

De le voir ainsi inchangé après toutes ces années me fit monter les larmes aux yeux. « Viens, Micah, dis-je. Nous sommes presque arrivés. » Je voulais repartir avant qu'il ne remarque mes yeux mouillés.

En dix minutes environ, nous atteignîmes le fond de la vallée et nous longeâmes le ruisseau appelé Tahquitz Creek. Je ne pouvais empêcher les souvenirs de remonter. « C'est là-bas que j'avais mon sauna, Micah. » Je montrai l'un des côtés de la piste. « Je chauffais de grosses pierres sur un feu, puis je les transportais à l'aide d'une pelle dans une tente en plastique, je fermais la porte derrière moi et versais de l'eau chaude. En quelques minutes, j'avais si chaud que je sortais en hâte pour plonger dans ce grand lac là-bas. »

Fasciné, Micah ouvrait de grands yeux.

Quelques instants plus tard, nous grimpions entre deux rochers puis par-dessus un tronc d'arbre qui donnait dans la « cour » de ma grotte. Peu de chose avait changé. Le plafond noirci par la fumée, mon fauteuil de pierres et de bûches et le foyer étaient toujours là. Une partie du sable de la chambre et de la pièce principale avait été lessivée, mais j'eus toujours l'impression de me retrouver chez moi.

Micah ne put contenir son excitation. Je suis sûr qu'il était très fatigué, mais il déposa son sac et se mit à explorer la grotte. Je me reposai quelques minutes avant de défaire les sacs et d'organiser le campement. Quand Micah revint, nous nageâmes dans le petit lac. À cette époque de l'année, l'eau était agréablement fraîche.

Nous nous assîmes dans la lumière qui baissait, le temps de nous sécher. « Micah, il va bientôt faire nuit, dis-je. Nous ferions mieux d'aller chercher du bois pour le feu. » A la tombée de la nuit, nous avions une grande pile de bois et une faim de loup. Nous allumâmes le feu et cuisinâmes une partie de nos provisions.

« Papa, dit Micah en terminant sa dernière cuillerée de haricots, où as-tu trouvé la Bible qui était dans ta grotte ? »

Je tendis la main vers la grotte. « Tu vois, ce repli du rocher près de ma chambre ? C'est là qu'elle se trouvait.

— Qu'est-elle devenue ?

— Pas très longtemps après avoir commencé à la lire, je l'ai laissée tomber accidentellement dans le ruisseau. Ensuite, elle a gonflé et j'avais du mal à lire, alors mon ami Glen m'en a donné une autre. Je ne me souviens pas bien de ce qu'est devenue la première. »

Nous avons prié et alimenté le feu. Mais, longtemps après s'être glissé dans son sac de couchage, Micah continua de poser des questions sur la vie dans ce canyon sauvage. Il finit par devenir silencieux et je sus qu'il s'était endormi. La lumière du feu dansait sur les murs de la grotte, créant des images familières. Puis un petit rat du désert traversa la grotte en sautillant, s'arrêta un moment et me regarda, comme pour me demander : « Où donc astu été ? » et s'éloigna. Je plongeai la main dans mon sac à dos et cherchai en tâtonnant la Bible que j'avais apportée. Je l'ouvris au hasard et lus Matthieu 7.24,25 à la lumière du feu. Jésus parlait et disait : « Quiconque entend de moi ces paroles et les met en pratique sera semblable à un homme prudent qui a bâti sa maison sur le roc. La pluie est tombée, les torrents sont venus, les vents ont soufflé et se sont portés sur cette maison : elle n'est pas tombée, car elle était fondée sur le roc. »

« Combien de fois, pensai-je, Jésus est comparé à un rocher dans la Bible ? Il est appelé la pierre principale (Psaume 118.22 ; Actes 4.11), la pierre angulaire (1 Pierre 2.6), le fondement (Ésaïe 28.16). Même les dix commandements ont été rédigés sur de la pierre pour indiquer combien ils étaient immuables. »

L'un de mes symboles favoris se trouve dans Ésaïe 32.2, où Jésus est comparé à un roc massif donnant de l'ombre dans une région desséchée. Tout comme le rocher où se trouvait ma grotte avait subi sans dommage la pluie, le vent, le feu et les tremblements de terre, Jésus s'était toujours trouvé présent dans ma vie avec amour et fidélité, offrant un abri contre la chaleur et le froid spirituels.

Après ces songeries heureuses, je posai la Bible sur la corniche et me glissai dans mon sac. Je ne sais pas si c'était le sol qui était plus dur, ou moi qui étais devenu plus douillet, mais je ne trouvai pas tout de suite une position confortable. Je ne tardai pas, cependant, à me laisser gagner par le sommeil, au son du ruisseau qui semblait me parler.

Le lendemain matin, Micah eut du mal à se réveiller. Il n'avait les yeux qu'à demi ouverts et l'air comique tandis qu'il essayait de se rappeler où il était et comment il était venu là. On aurait dit que ses cheveux étaient passés dans un batteur à œufs !

« Il va falloir partir de bonne heure si nous voulons descendre la montagne à temps pour retrouver maman en ville », dis-je en ouvrant une boîte pour le petit déjeuner.

« Mais, papa, on vient seulement d'arriver.

— Je sais, fiston, mais nos vacances sont presque finies. C'est déjà une chance d'avoir réussi à visiter cet endroit.

— D'accord, papa », dit Micah en poussant un soupir.

Après avoir pris notre petit déjeuner, fait un plongeon rapide dans l'eau et prononcé une courte prière, nous empaquetâmes nos affaires et regardâmes autour de nous une dernière fois.

Tandis que je quittais la cour de la grotte, Micah m'appela. « Papa, tu as laissé ta Bible sur le rebord, là-bas !

— Je sais, fiston. »

Il parut comprendre et nous commençâmes à descendre la montagne.

« Papa ? dit Micah après un long silence.

— Oui, fiston ?

— Tu regrettes, des fois, de ne plus vivre là-haut ? »

Il ne me fallut pas longtemps pour répondre. « Oui, fiston, je regrette. De bien des façons, la vie était plus simple là-haut. Il n'y avait pas de contraintes, pas de stress. »

« Papa ? » Je voyais bien qu'il réfléchissait profondément. « Crois-tu que tu retourneras un jour vivre là-haut ?

— Non, fiston. Dieu ne nous a pas demandé de fuir le monde. Jésus nous a recommandé d'aller prêcher l'Évangile dans le monde entier. »

Nous devînmes silencieux en poursuivant notre descente le long du sentier. J'étais plongé dans mes pensées, et Micah, à sa façon enfantine, était plongé dans les siennes.

J'éprouvais un sentiment de reconnaissance envers Dieu pour mes enfants et, ce matin, je me sentais particulièrement proche de Micah, tandis que nous marchions ensemble. Dieu m'a beaucoup appris sur son amour par l'intermédiaire de mes enfants et Micah m'a enseigné l'une des leçons les plus importantes que j'aie jamais apprises.

Un matin, environ cinq ans plus tôt, alors que nous habitions à Covelo, nous le trouvâmes dans son petit lit en train de gémir, le regard vide tourné vers le plafond. Nous pensâmes tout de suite qu'il se passait quelque chose de grave. Karyn le prit dans ses bras et nous fonçâmes vers l'hôpital, situé à une soixantaine de kilomètres de là.

Nous nous précipitâmes aux urgences avec notre paquet aux yeux bleus et, après un examen rapide, le jeune interne qui était de garde nous dit qu'il craignait une méningite cérébro-spinale. Pour le vérifier, il fallait faire une ponction lombaire. Cela consistait à introduire entre deux vertèbres une aiguille de huit centimètres de long. Or chacun sait que la colonne vertébrale est parcourue de nerfs.

Micah était à l'âge où les enfants parlent un peu. Il disait quelques mots, comme « maman », « papa » et « banane ». Je me demandais ce qu'il pouvait bien penser à ce moment-là. Karyn sortit de la salle en disant qu'elle ne pouvait supporter de voir l'opération. Je restai là tandis que deux infirmières maintenaient mon tout-petit sur le côté, le dos recourbé. Micah dut en ressentir une douleur intense, parce qu'il se mit à gémir. Pour comble de malheur, l'interne nous avoua avoir fort peu l'expérience de ce test. Aussi est-ce le cœur brisé que je l'observai enfoncer trois ou quatre fois l'aiguille dans le dos de mon petit garçon. Seul un parent peut comprendre ce qu'on ressent devant la souffrance de son enfant.

Micah me regardait et répétait sans cesse : « Papa, papa, papa ! » J'avais le cœur déchiré. Je savais qu'il se demandait : « Pourquoi laisses-tu ces gens me faire du mal ? Tu ne m'aimes donc plus ? » Petit comme il était, je ne pouvais pas lui donner d'explications. La plus grande peur que j'eus, c'est que Micah meure en croyant que je ne l'aimais plus. Il s'avéra qu'il était bien atteint de méningite cérébro-spinale, mais, grâce à Dieu et après dix jours d'hospitalisation, il guérit complètement.

Par la suite, je ne pus lire le récit de Jésus sur la croix criant à son Père : « Mon Dieu, mon Dieu, pourquoi m'as-tu abandonné ? » (Marc 15.34) sans me rappeler cet incident. Il m'aurait été beaucoup plus facile de souffrir moi-même plutôt que de voir souffrir l'un de mes enfants. Or notre Père céleste aimait Jésus, son Fils, d'un amour bien plus grand que le mien.

Comment a-t-il réussi à accepter tant de souffrance ? La seule conclusion à laquelle je suis arrivé, c'est que Dieu et le Christ ont accepté de traverser cette terrible épreuve, malgré la douleur, parce qu'ils ont tellement d'amour pour nous. C'est pourquoi j'ai dit à Micah que Dieu m'avait appelé pour prêcher l'Évangile. Je me sens poussé à parler au monde de ce Dieu qui nous aime tant.

Je prie pour que mon expérience montre à ceux qui liront ce témoignage que la joie ne naît pas d'une accumulation de richesses. Les difficultés m'ont appris que le bonheur offert par le monde n'est pas un bonheur véritable, mais un grand, un très grand, mensonge. Tandis que la joie de servir Dieu et mes frères, les hommes, est authentique et n'a pas d'effets secondaires destructeurs.

Je le sais, parce qu'avant d'en arriver là, j'ai tout essayé.

Table des matières

Doug Batchelor

Album de photos

Des changements sont survenus dans ma famille et mon ministère depuis la rédaction du livre *The Richest Caveman*, en 1988. Dieu continue de nous garder, de nous diriger et de nous bénir. Souvenirs de joies ou d'épreuves, ces photos représentent différentes périodes de ma vie. Je ne suis qu'un des nombreux témoins de la miséricorde de Dieu. Il s'est montré si bon pour moi ! Je prie pour que vous aussi, en jetant un regard en arrière, vous puissiez voir que la main de Dieu vous a conduit.

Années d'école

La New York Military Academy était l'école élémentaire de West Point. Nos uniformes étaient impressionnants. Mon ami, Bobby Boyer, est à gauche sur la photo et je suis à droite. J'avais seulement onze ans* et c'était ma première année dans cette école. L'année suivante, j'étais nommé sergent et j'obtenais une série de médailles.

* Aux États-Unis, l'école élémentaire se termine à treize ans.

Première photo d'identité prise pour mon passeport avant mon départ pour Gênes, en Italie, où je devais embarquer sur le Flint School Abroad. J'avais pris du LSD la veille et mes pupilles étaient encore dilatées.

On aperçoit Palm Springs en bas de la piste du couguar, si traître, qui grimpait jusqu'à ma grotte dans les montagnes de San Jacinto. De nombreux randonneurs ont été tués ou blessés sur ce dangereux sentier.

Cette photo date de 1974, lors de la visite de mon frère Falcon. Nous grimpions vers la grotte après avoir acheté des provisions à Palm Springs. Cette course épuisante fut un véritable exploit pour Falcon, atteint de mucoviscidose.

J'ai eu la joie de faire visiter la grotte à ma famille en 1995 : une marche éreintante de trois heures dans les rochers, les cailloux et les cactus. J'ai été impressionné par la façon dont ma femme et mes enfants ont réussi cette course difficile ! Vingt-deux ans plus tôt, je grimpais sur cette montagne pour la première fois, à l'âge de quinze ans, avec Jim et Sunny.

Dans la grotte

Je suis assis sur mon fauteuil de pierres et de bûches, mon chat, Stranger, sur les genoux. Là, pendant des centaines d'heures, j'ai observé la piste qui passait devant la grotte tout en cuisinant, mangeant et en lisant la Bible. Je m'étais organisé de façon à avoir tout à portée de la main.

)ans les années qui ont suivi
non départ de la grotte, la
égion a connu des inondations,
des incendies et des tremble-
nents de terre. Mais ma grotte
n'a pas bougé. À mon retour, j'ai
aissé une autre Bible bien en
ue pour le prochain visiteur.

À mon premier retour à la grotte, mon fils Micah avait sept ans. Ici, il nage dans l'eau fraîche du petit lac à côté de la grotte. En été, le ruisseau était à sec et je devais chercher de l'eau potable plus haut dans le canyon.

Ma mère est venue jusqu'à ma grotte en hélicoptère en compagnie de l'équipe de reportage de la chaîne de télévision NBC. Le commentateur, Bill Applegate, a fait une excellente interview sur les raisons qui avaient poussé un fils de millionnaire à vivre dans une grotte. L'émission a été retransmise trois fois à la télévision ce jour-là. Je venais de devenir chrétien et j'avais prié Dieu de me donner l'occasion de témoigner. J'ai été stupéfait de la rapidité et de la générosité avec laquelle Dieu a répondu à ma prière !

Mon premier travail : une entreprise de vente de steaks de bœuf premier choix au prix de gros. La marchandise était transportée dans un réfrigérateur… placé à l'arrière d'une « Coccinelle » ! Ce que j'ai appris alors sur la viande a fait de moi un végétarien.

Le pasteur Joe Phillips et sa femme Miriam sont les meilleurs exemples d'un christianisme vivant que j'ai rencontrés. Constamment désintéressés, ils n'avaient pas de plus grande joie que de faire connaître Jésus. Je suis pour toujours reconnaissant de l'affection qu'ils me témoignèrent. À droite : la chapelle adventiste de Covelo en 1996. C'est là où le pasteur Joe Phillips m'a baptisé et où, à deux occasions, je suis revenu pour travailler : communauté épatante.

Ma famille

Ma mère et mon père, à l'époque où ils étaient heureux ensemble. Les extrêmes s'attirent, au moins temporairement. Par exemple, elle était démocrate et lui républicain.

L'un des rares moments où la famille a été réunie, à l'occasion du mariage de mon frère Falcon avec Sandy. Il avait vingt-cinq ans et moi vingt-trois. Pouvez-vous reconnaître le « mouton noir » ?

La dernière photo de Falcon, papa et moi. Falcon souffrait de mucoviscidose. Il a lutté courageusement contre sa maladie et a survécu jusqu'à l'âge de trente-cinq ans. Il a lancé en Floride un camp pour les enfants atteints de la même maladie. Je l'ai aidé plusieurs fois comme conseiller et comme pasteur du camp. J'étais à ses côtés quand il est mort en juillet 1990, une semaine après cette photo.

Ma mère avec...

Bob Hope

Paul McCartney

Clint Eastwood

Mohammed Ali

Paul Newman

George Burns

The Three Stooges

Suzanne Summers

Ma mère, Ruth, n'a cessé de fréquenter le monde du spectacle. Elle a écrit des chansons pour Elvis Presley, des comédies musicales et a joué de petits rôles à la télévision et dans des films. Elle jouait de la guitare, chantait et peignait. Toutes les activités artistiques lui étaient accessibles sans avoir suivi de formation. Elle trouva la situation qui lui convenait à la perfection comme critique de films en 1975, jusqu'à ce qu'elle meure prématurément du cancer en juillet 1992.

Mon père

Pendant la Deuxième Guerre mondiale, mon père, George, était aviateur pour la U.S. Air Force en Europe. Il possédait une intelligence brillante et un grand sens des affaires. À la démobilisation, il a construit son empire en achetant, vendant et louant des avions. Parce qu'il a fait des dons généreux à de nombreuses organisations caritatives, mon père a été désigné comme un « citoyen exceptionnel ». Plusieurs journaux, magazines d'affaires et revues d'aviation lui ont consacré des pages.

Mon père n'a jamais cessé d'être un tourbillon d'activités. Tout en dirigeant diverses sociétés, il conduisait des voitures de course, des avions à réaction, pratiquait le ski nautique et dirigeait lui-même son voilier. Ayant souffert d'une attaque cardiaque en 1994, il a dû ralentir son rythme.

En visite avec ma femme et mes enfants chez mes grands-parents maternels, Al et Lil Tarshis. Ils portent le nom de la ville où s'était enfui le prophète Jonas. J'ai fait plusieurs séjours chez Grand-mère et « Papy » après le divorce de mes parents. Ce sont eux qui, les premiers, ont semé dans mon jeune esprit la notion d'un Dieu qui veillait sur moi.

De gauche à droite : Daniel, Karyn et Stephen, Papy, Doug, Grand-maman, Micah et Rachel.

Le plus récent de nos portraits de famille, pris en 1995 avec ma femme Karyn, mon jeune fils George Stephen, Daniel et Micah. Ma fille Rachel, qui vit dans le Colorado, est absente. Je suis récemment devenu, grâce à elle, un grand-père très fier de son petit-fils, nommé Jeremiah Douglas.

Je suis pasteur principal de l'Église adventiste de Sacramento Central et le directeur et présentateur d'émissions radios-télévisées dans le cadre du ministère d'évangélisation par les médias « Amazing Facts ». Ici, lors d'une conférence en 1995, avec d'autres responsables de ministères adventistes semblables. De gauche à droite : Lonnie Melashanko pour « Voice of Prophecy », Mark Finley pour « It is Written », Bill Tucker pour « Quiet Hour » et Milton Peverini pour « La Voz de la Esperanza ».

Achevé d'imprimer en avril 2008
par Bussy Print
sur les presses de Presence Graphique
pour le compte des Éditions Vie et Santé

Imprimé en France
N° d'impression : 040827302 Dépôt légal février 1998